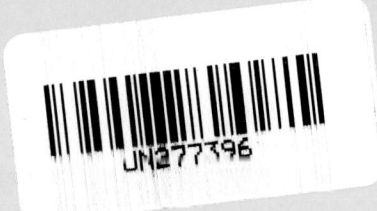

つなぎ折り鶴

一枚の紙から折り出す「連鶴」の技

池田総一郎

日貿出版社

はじめに

「連鶴」をご存じですか？　一枚の紙に切り込みを入れて、複数の鶴をつながった状態で折り上げるという、ちょっと変わった折り鶴です。

連鶴のバイブル的存在で、誰もが手本とするのが、江戸時代に刊行された『秘傳千羽鶴《ひでんせんばづる》折形《おりかた》』です。一般には「桑名の千羽鶴」の名で広く知られており、桑名の僧侶・魯縞庵義《ろこうあんぎ》道《どう》が考案した 49 種の「連鶴」が挿絵入りで紹介されています。連鶴の大切なお手本として長い間多くの人々に愛され、作り続けられてきました。

私もまた、この『秘傳千羽鶴折形』によって連鶴に出会い、一枚の紙から生まれる無限の可能性と魅力に引き込まれてしまった一人です。高校生の頃一人の女生徒がくれた「あやめ」の折り紙がきっかけで、下心から買った本に、「桑名の千羽鶴」が載っていました。それ以来連鶴の虜となって、かれこれ 40 年ほどになりますが、飽きるどころかますます興味が深まる一方。今も新しい可能性を探しつつ連鶴を折り続けています。

本書では、私がこれまでに作ってきたオリジナルの連鶴作品の中から 80 点ほどを選び、折り図とともに紹介しました。まずは、実際に折ってみて下さい。基本となるのは一羽の折り鶴ですから、決して難解なものではありません。一羽ずつ丁寧に折りつないだ連鶴が出来上がった時の満足感と、工夫することの楽しさを、ぜひ味わっていただきたいのです。

誰もが知っている伝承鶴（普通の折り鶴）の他に、その変形である「器《うつわ》鶴」や「ふくれ鶴」、三角形や菱形の紙で折った「三角鶴」や「菱形鶴」などをベースにした連鶴も収録しました。伝承鶴だけではない、折り鶴の奥深い魅力にも触れていただければと思います。なお、一部の作品の名前は、私が住む石川県の地名から取ったものです。一般的な読みでないものもありますが、それなりの思いもあり、そのまま残しましたので、ご了承下さい。

どの作品も、自分なりに懸命に作ったものです。特に本書の後半に収録した「祈りの輪」シリーズは、2011 年 3 月 11 日の東日本大震災で被害に遭った方々、そして、復興を願う多くの方々の心をつなぐ輪をイメージして作りました。一羽一羽の鶴がつながってひとつの連鶴を形づくるように、人の心のつながりが大きな実を結んでくれますように——そんな思いから生まれた作品です。

本書が、初めて連鶴を作る方にも、「桑名の千羽鶴」を折ったことがあるという方にも、ご満足いただけることを願っています。一人でも多くの方に、ドキドキワクワクしながら折っていただければ幸いです。

2012 年 7 月

池田総一郎

目次

作品「伝承鶴」を基本に

誰もが知っている「折り鶴」と、その背中をへこませた形の「器《うつわ》鶴」を基本とする連鶴です。「桑名の千羽鶴」として知られる〈妹背山〉や〈龍朧車〉の器鶴版から、立体的な〈段鶴〉まで、様々な「つなぎ」の構造をご覧下さい。

真砂 まなご | 2羽 | 器鶴 折り方 P54

2羽が翼でつながっている「桑名の千羽鶴」の名作〈妹背山〉を器鶴で折ったものです。

四方 よも | 4羽 | 器鶴 折り方 P55

同じく〈龍朧車〉の器鶴版です。

三方 みかた | 3羽 | 伝承鶴 折り方 P56

〈龍朧車〉の鶴を３羽に変えてみました。

珠蕾 しゅらい | 4羽 | 伝承鶴 折り方 P56

蝶翔 ちょうしょう | 4羽 | 伝承鶴 折り方 P56

蝶翔 4羽 | 器鶴 折り方 P57

蓮生 れんじょう | 3羽 | 器鶴 折り方 P57

蓮生 4羽 | 器鶴

折り方 P57

真上から見たところ

上：蝶翔 | 4羽
下左：蓮生 | 4羽
下右：蓮生 | 3羽

矢羽根 やばね | 8羽 | 伝承鶴

折り方 P58

矢羽根 8羽 | 器鶴

折り方 P58

矢車 やぐるま｜12羽｜伝承鶴／器鶴

折り方 P59

立花 たてはな | 2羽 | 伝承鶴 折り方 P61

立花 4羽 | 伝承鶴 折り方 P61

立花 6羽 | 伝承鶴 折り方 P62

右と左の〈立花〉は、同じ折り図の切り込み部分とつながっている部分を鏡のように逆にして折った「ミラータイプ」です。

立花 6羽 | 伝承鶴 折り方 P62

立花 8羽 | 伝承鶴 折り方 P63

上と下の作品も、前頁と同じく
「ミラータイプ」です。

立花 8羽 | 伝承鶴 折り方 P63

村雲変形 むらくもへんけい｜2羽｜伝承鶴

「桑名の千羽鶴」の〈村雲〉の上下の鶴を、同じ大きさの紙で折ったものです。

折り方 P64

子来 こらい｜3羽｜伝承鶴

折り方 P64

鞍月 くらつき｜4羽｜伝承鶴 折り方 P65

宝達 ほうだつ | 4羽 | 伝承鶴

折り方 P65

鞍掛 くらかけ | 4羽 | 伝承鶴

折り方 P65

宝立 ほうりゅう | 4羽 | 伝承鶴

折り方 P65

三段鶴 9羽 | 伝承鶴

折り方 P66

1/2 段鶴 2羽｜伝承鶴

折り方 P70

「桑名の千羽鶴」の〈横雲〉のように見えますが、構造は全く別物。
階段状の形の紙から折り出しています。

1/2 段鶴 4羽｜伝承鶴

折り方 P70

1/2 段鶴 Triangle

6羽 | 伝承鶴

折り方 P70

1/2 段鶴 Square

8羽 | 伝承鶴

折り方 P71

「箱鶴」「ふくれ鶴」を基本に

　ふくらんだ姿が可愛い変形鶴です。正方形用紙で折るので、伝承鶴と同じようにつなぐことができるものが多くあります。花のように見える〈矢羽根〉は、箸置きに使っても楽しそうですね。

箱鶴

ふくら雀

ふくれ鶴

手抜きふくれ鶴

真砂 2羽 | ふくれ鶴 折り方 P74

〈妹背山〉をふくれ鶴で折った作品です。

四方 4羽 | 箱鶴 折り方 P74

四方 4羽 | ふくれ鶴 折り方 P74

矢羽根 8羽 | ふくれ鶴 折り方 P75

矢羽根 8羽 | 箱鶴 折り方 P75

矢車 12羽 | 手抜きふくれ鶴 折り方 P76

「三角鶴」「菱形鶴」「凧《たこ》形鶴」を基本に

菱形や凧形、三角形の紙でも、鶴を折ることができると聞いたら驚く方が多いかもしれません。これらの変形鶴を組み合わせると、創作の幅がぐっと広がります。様々なタイプの連鶴の形をご覧下さい。

菱形鶴

三角鶴（直角二等辺三角形）

やじり形鶴（凸）

やじり形鶴（凹）

凧形鶴

真砂 2羽｜三角鶴 折り方 P86 〈妹背山〉を三角鶴で折った作品です。

眉丈 びじょう｜2羽｜三角鶴 折り方 P86

越渡 こえと｜2羽｜三角鶴／やじり形鶴 折り方 P87

リバーシブル紙の表裏を使って２羽の鶴を折りました。

恋路

こいじ｜2羽｜三角鶴

折り方 P88

折違

すじかい｜3羽｜三角鶴／やじり形鶴

折り方 P88

鎹

かすがい | 3羽 | 三角鶴

折り方 P87

上にある２羽の小鶴は親鶴の羽を支点にして回転させています。回転させることで小鶴の前後が変わり、親鶴と同じ向きになっています。

向日葵

ひまわり | 8羽 | 三角鶴

折り方 P89

四方 4羽｜三角鶴　折り方 P88

日輪 にちりん｜8羽｜三角鶴　折り方 P89

直下 そそり ｜ 8羽 ｜ 三角鶴／伝承鶴

折り方 P92

上と下の作品は全く同じ構造ですが、上の作品は用紙の切り込みが浅く、下の作品は深くなっています。切り込みが浅く、つながっている部分が多いと、折った時自然に立ち上がりやすくなります。

塔尾 とのお | 8羽 | 三角鶴／伝承鶴 折り方 P93

月橋 つきはし | 8羽 | 三角鶴 折り方 P93

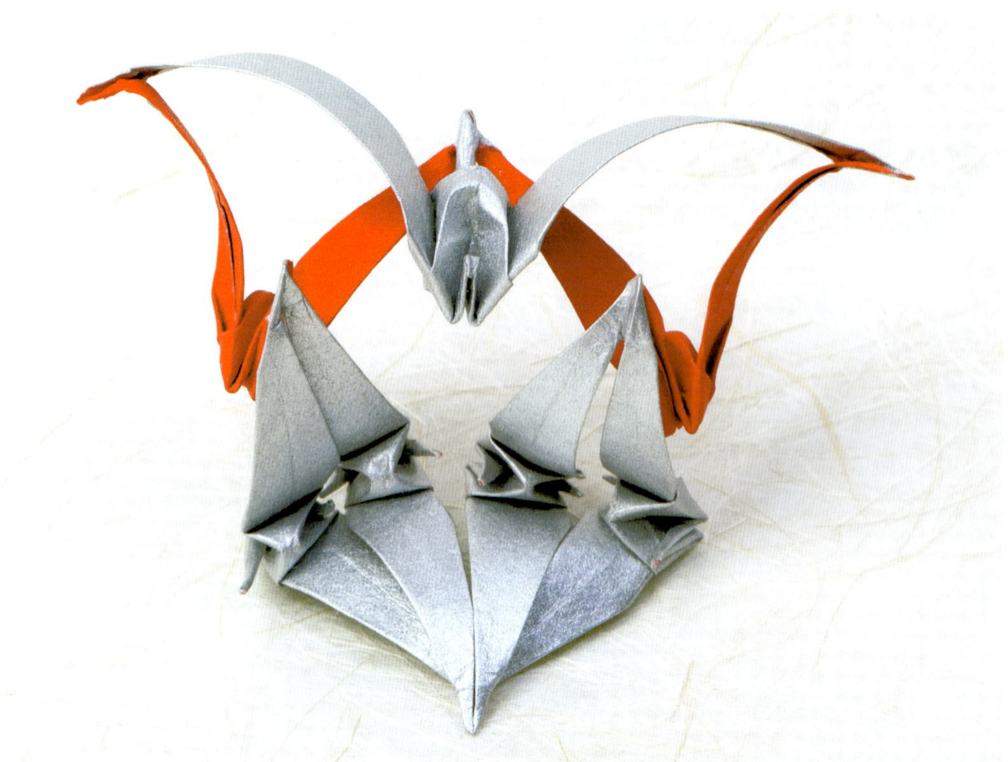

雲津 もづ | 7羽 | 三角鶴　折り方 P94

「雲津」は能登半島の小さな町の名で「もづ」と読みます。能登半島は渡り鳥の多いことでも有名。大陸から来た渡り鳥が立山の方へ飛んでいく姿を思い描いて名付けました。

北帰行 ほっきこう | 8羽 | 三角鶴　折り方 P94

吊り鶴 つりづる | 9羽 | 三角鶴／菱形鶴／やじり形鶴

折り方 P95

藤葛

ふじかずら｜12 羽｜菱形鶴／凧形鶴／やじり形鶴

折り方 P95

上の作品を、吊らずに平らに置いたところです。

枝垂れ鶴—悠 24羽｜菱形鶴／凧形鶴／やじり形鶴

折り方 P96

枝垂れ鶴—遊

20 羽｜三角鶴／菱形鶴／凧形鶴

折り方 P96

天坂 てんざか | 16羽 | 伝承鶴／菱形鶴／三角鶴 折り方 P97

鶴籠 つるかご | 16羽 | 三角鶴／凧形鶴 折り方 P97

枝垂れ鶴—楽

40羽 | 菱形鶴／やじり形鶴

折り方 P98

八峰 やつみね ｜ 36羽 ｜ 三角鶴／菱形鶴／凧形鶴

折り方 P98

「棒鶴」を基本に

細長い長方形の紙から折り出す変形鶴。翼に折りを加えると、表情が様々に変わります。両端にさらに鶴をつなげた「袖鶴」や、翼を亀の形に変えた「袖亀鶴」も、ぜひ作ってみて下さい。

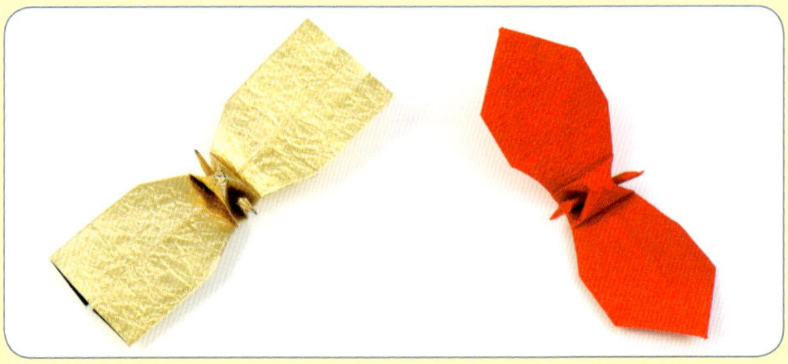

左：棒鶴（ストレート）
右：棒鶴（リボン）

左：棒鶴（スタンド）
右：棒鶴（やじり）

斜《はす》折り鶴

左：袖鶴（棒鶴／ふくら雀）
右：袖鶴（棒鶴）

左：袖亀鶴（棒鶴／二色亀）
右：袖亀鶴（棒鶴／開き亀）

双翼 そうよく | 2羽 | 棒鶴リボン 折り方 P110

双翼 2羽 | 棒鶴ストレート 折り方 P110

五連鶴 ごれんづる | 5羽 | 棒鶴 折り方 P111

四段梯子 よだんばしご | 4羽 | 棒鶴

折り方 P111

折谷 おりたに | 4羽 | 斜折り鶴

折り方 P110

網代 あじろ | 4羽 | 棒鶴

折り方 P112

5色リング 10羽｜棒鶴 折り方 P112

折り方 P112

本書の中で、これだけは純然たる「連鶴」ではありません。棒鶴の輪の構造を生かして、5色の紙の切片を折り重ねた「遊び心」の作品です。

五輪 ごりん | 12 羽×5 色 | 棒鶴

折り方 P113

棒鶴の輪でオリンピックの五輪マークを作ってみました。

「祈りの輪」を基本に

2011年の東日本大震災の直後、祈るような思いで鶴を折っていた時に生まれた連鶴が、この「祈りの輪」シリーズです。復興への願いと、人の心の「つながり」を願って——。

祈りの輪—直 12羽｜伝承鶴

折り方 P118

祈りの輪—乱 12羽 | 伝承鶴

折り方 P119

祈りの輪（2輪）灯 とぼし｜16羽｜伝承鶴

折り方 P120

祈りの輪（2輪）行 あるき | 16羽 | 伝承鶴

折り方 P121

祈りの輪（3輪）明生 みょうじょう | 36羽 | 伝承鶴

折り方 P122

立鶴—基本 2羽 | 伝承鶴 折り方 P114

立鶴—乱 4羽 | 伝承鶴 折り方 P114

立鶴—斜 4羽 | 伝承鶴 折り方 P115

立鶴—直 4羽 | 伝承鶴 折り方 P115

羽生 はにゅう | 4羽 | 伝承鶴

折り方 P116

手取 てどり | 4羽 | 伝承鶴

折り方 P116

大生 おはえ | 16羽 | 伝承鶴

折り方 P118

舞谷 まいだに | 4羽 | 伝承鶴

折り方 P117

千木 ちぎ | 4羽 | 伝承鶴

折り方 P116

立開 りゅうがい | 4羽 | 伝承鶴

折り方 P117

立鶴—乱 4羽 | 手抜きふくれ鶴

折り方 P124

立鶴—直 4羽 | 手抜きふくれ鶴

折り方 P124

祈りの輪—直 12羽 | ふくら雀 折り方 P125

折り図と解説

〈折り方の基本〉

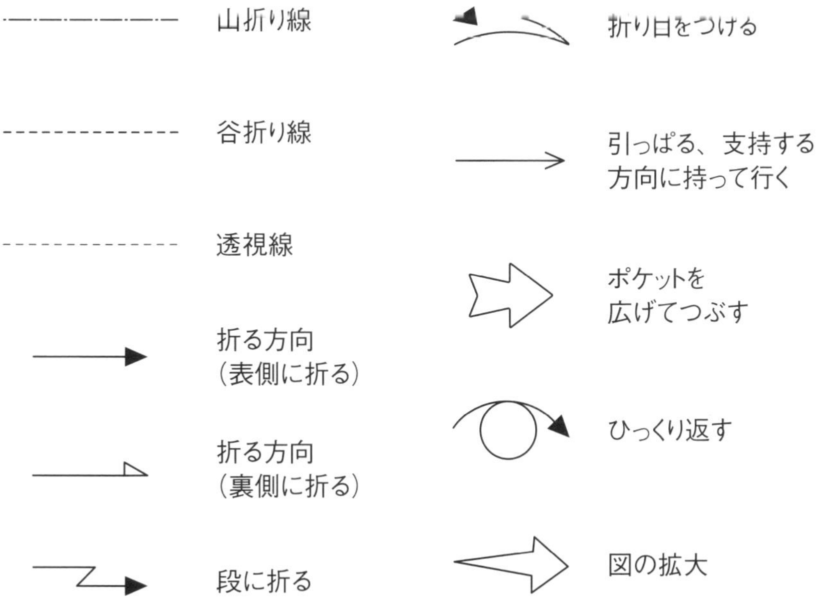

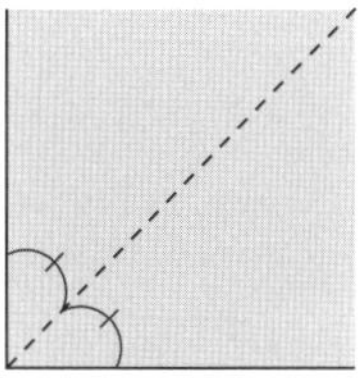

角度の等分

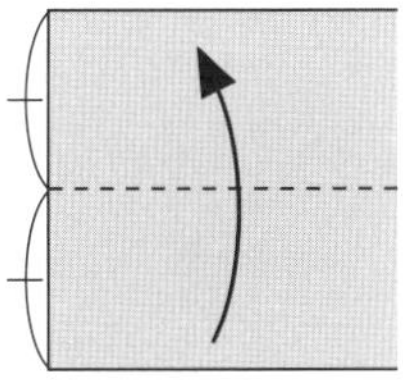

辺長の等分

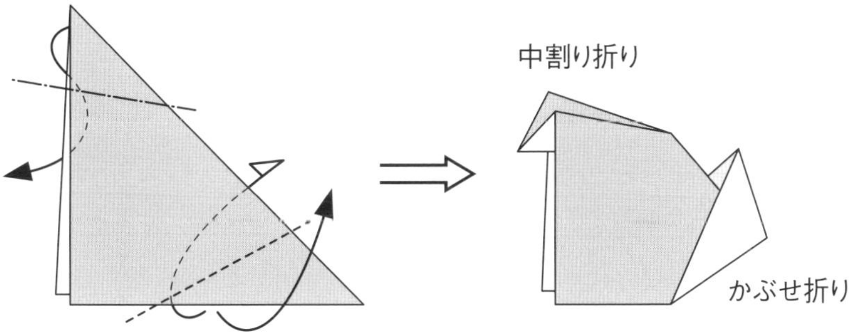

①「伝承鶴」を基本に

この章では、正方形用紙で折る一般的な折り鶴（伝承鶴）と、その変形である「器鶴」をベースにした連鶴を紹介します。器鶴は伝承鶴で作るほとんどの連鶴に応用できますので、ぜひこの機会に折り方を覚えて下さい。

「伝承鶴」の折り手順

まずは、伝承鶴の折り方を、おさらいしておきましょう。
これが全ての連鶴の基本になります。

1

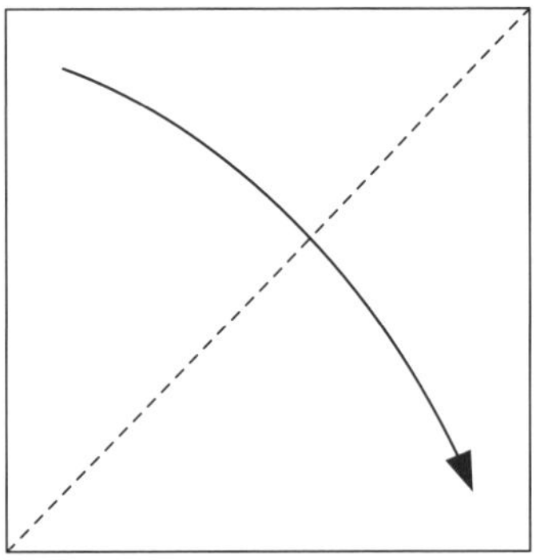

2

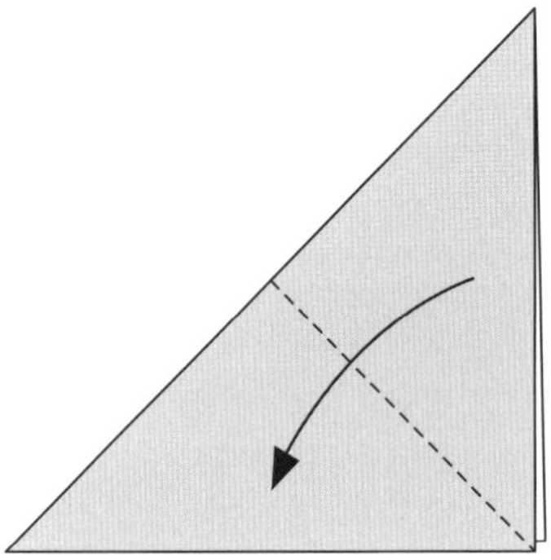

3

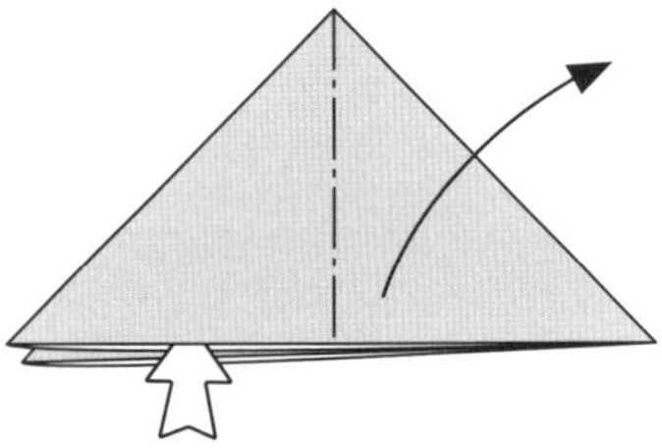

4

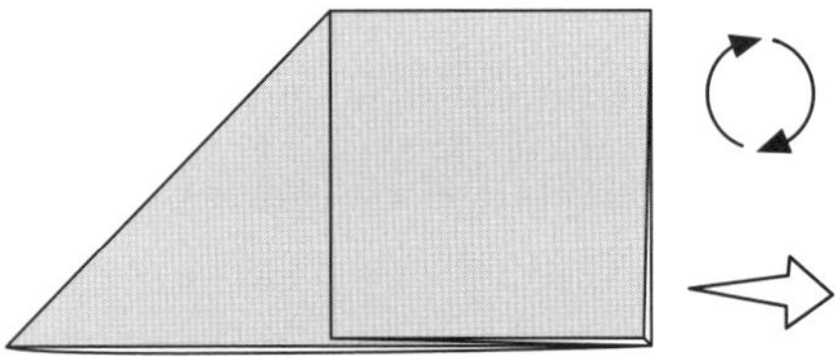

裏側も同様に折る。

5

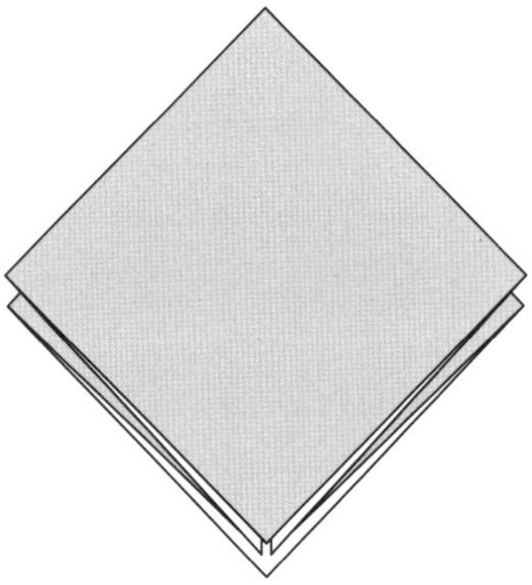

6

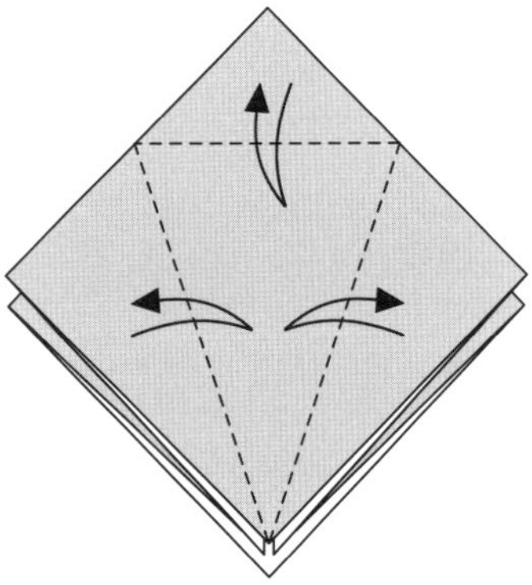

裏側も同様に折る。

7

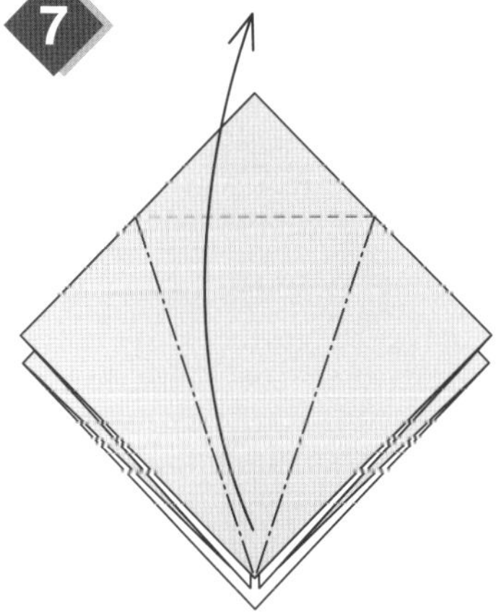

8

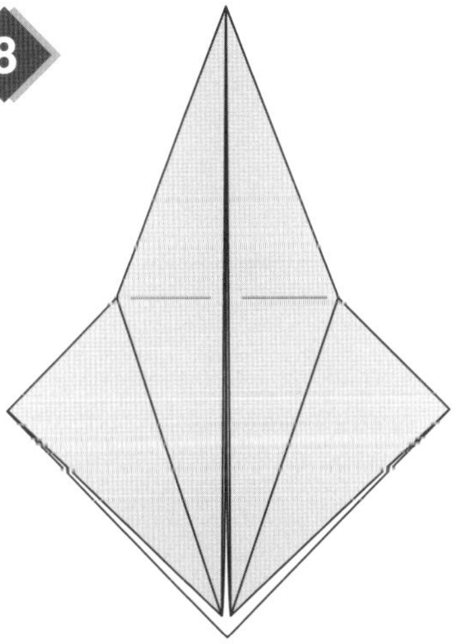

裏側も同様に折る。

9

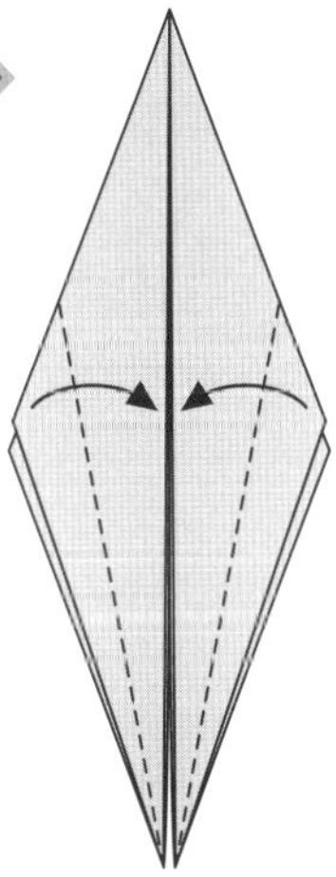

裏側も同様に折る。

10

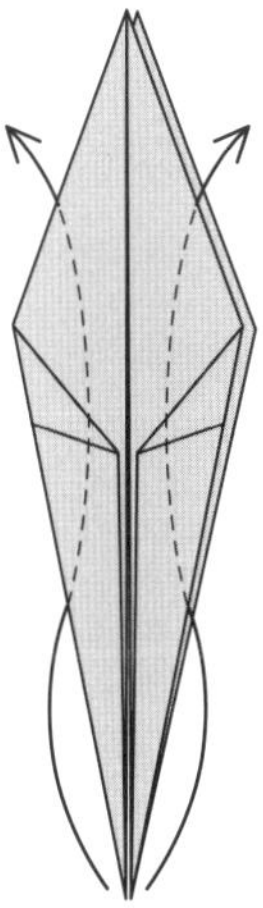

11

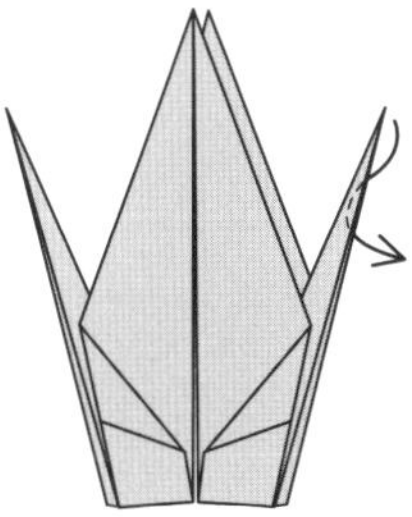

完成

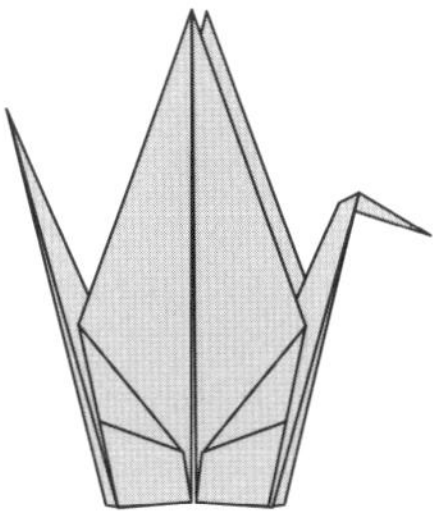

1 ～ **4** の手順は、次の **1'** ～ **3'** で簡単に折ることもできます。
たくさんの鶴を折る時には便利ですから、ぜひ、この手順も
覚えておいて下さい。

1'

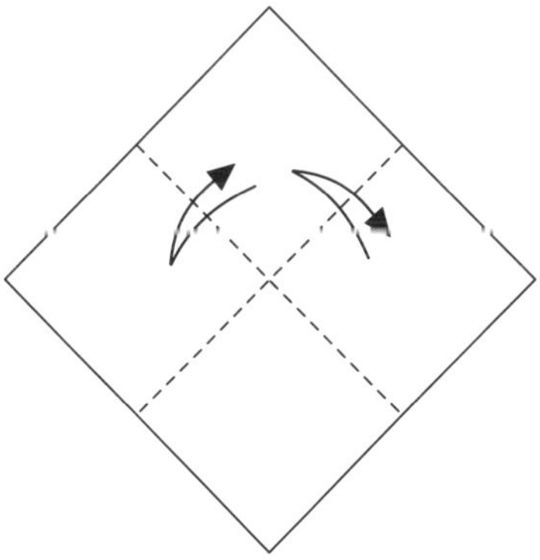

2'

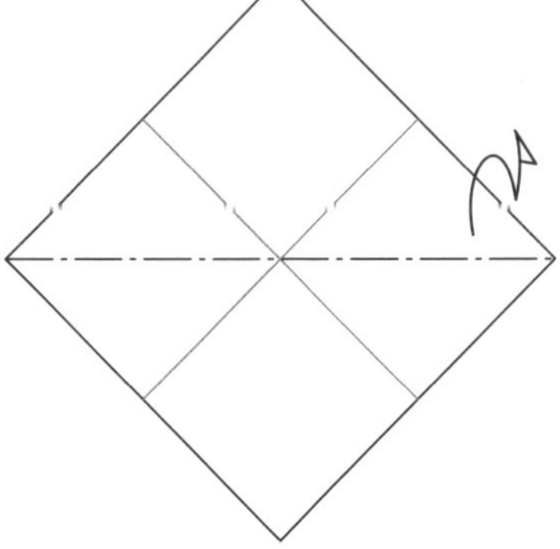

3'

○印どうしを合わせるように
して、折り目通りに折る。

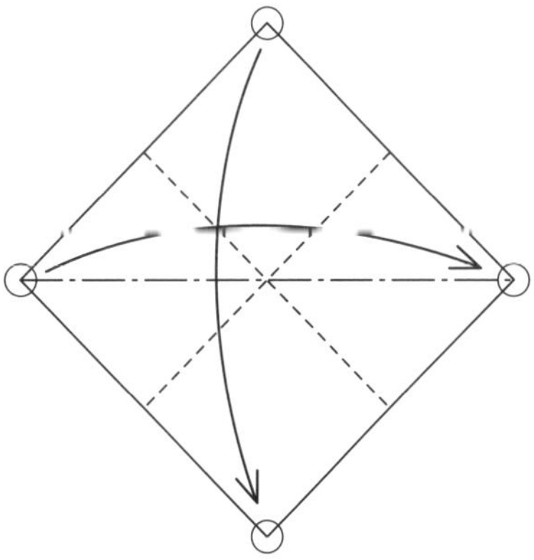

「器鶴」の折り手順

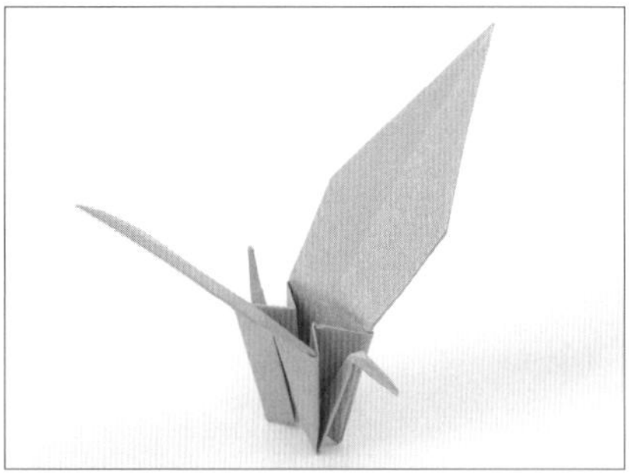

●ストレートタイプ

伝承鶴の背中が「器」のようにへこんだ鶴です。
伝承鶴に比べて羽が長く、首と尾が短くなります。

1 50 ページの **6** まで折ったらいったん開く。

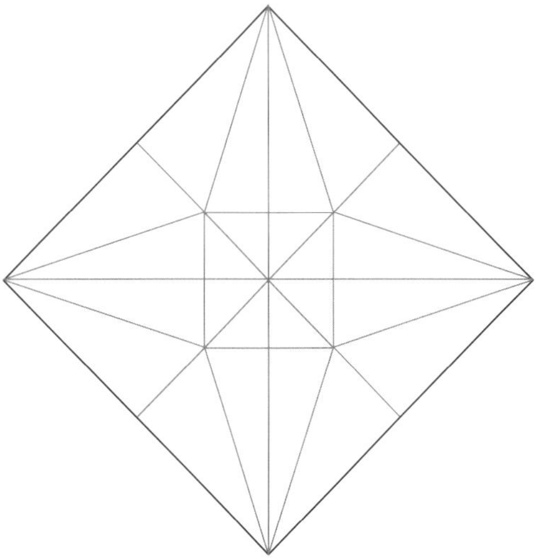

2 図のように折り目を付け直して、その通りに折る。4 つのカドを 1 点に合わせるようにして、**3** の形にする。

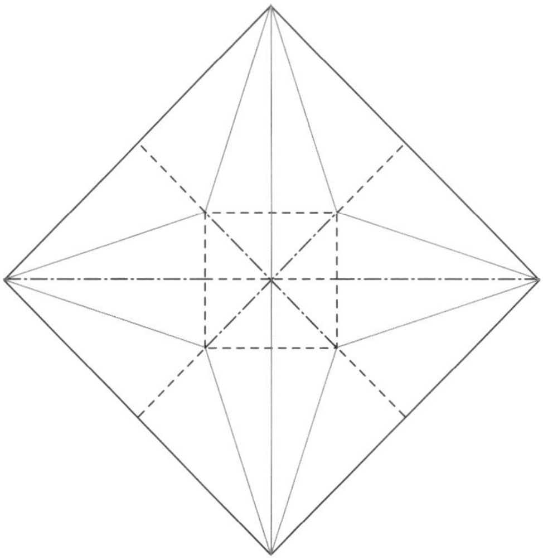

3

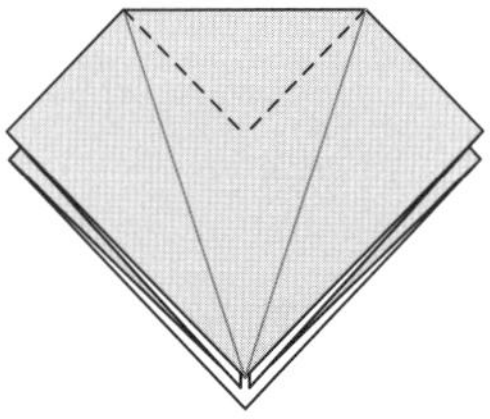

4

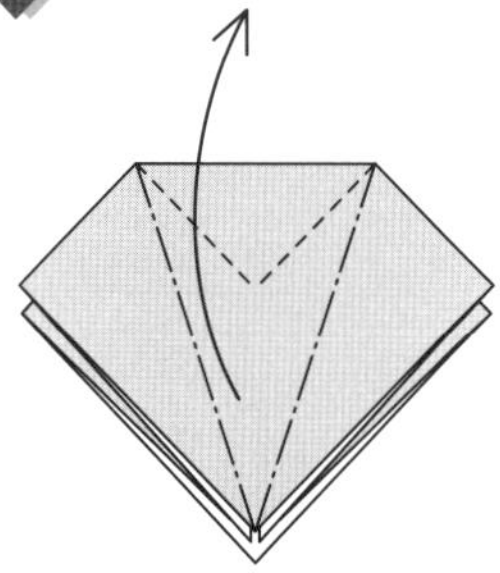

裏側も同様に折る。

5

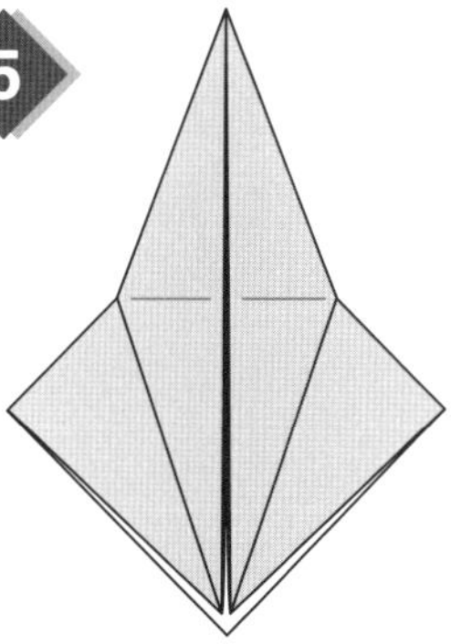

裏側も同様に折る。

完成

以下
51 ページの
9～11 と同じ

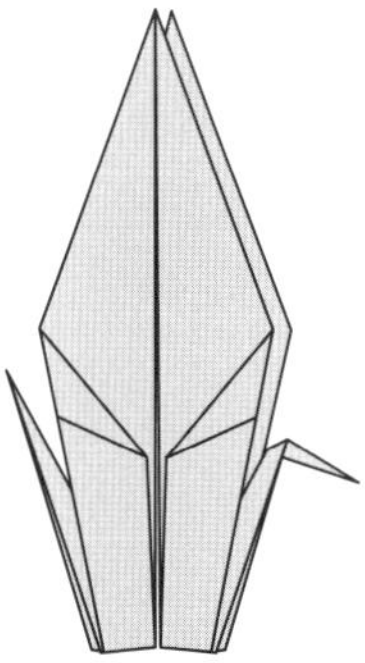

簡単に折るテクニック

器鶴をもっと簡単に折るには、伝承鶴の背中を押し込んでへこませるという方法があります。51 頁の手順 9 まで折ったら、羽根になる部分を左右に引っ張り、背中を平らにしてから真ん中を細い棒など（私は爪楊枝の先を少しだけハサミで切り落として使っています）で押し込みます。その後、形を整えて折っていけば出来上がりです。

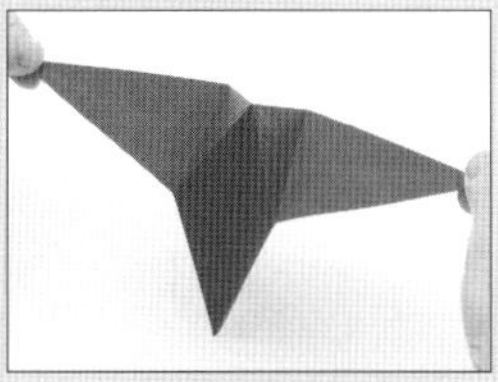

1　上の部分（羽になるところ）を左右に引っ張り、背の部分を平らにする。

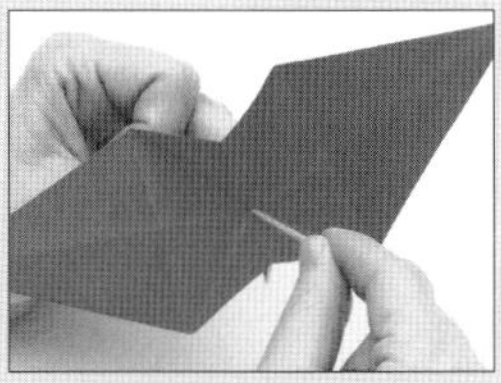

2　爪楊枝などで真ん中を押し込み、へこませる。

●エッジタイプ

背と羽の間に一段折り目が入っているものです。

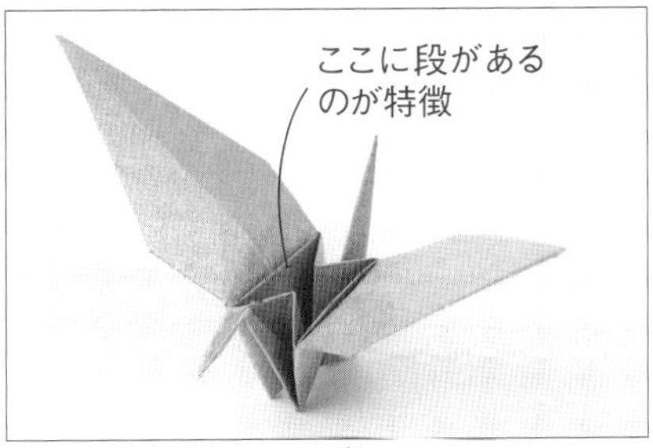

1 50 ページの **5** まで折ったらいったん開く。

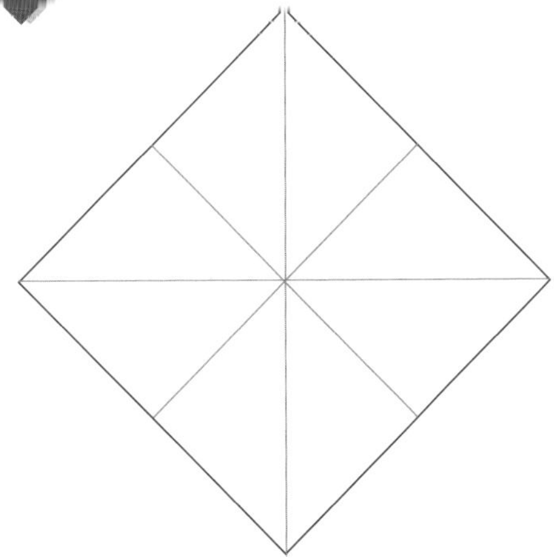

2

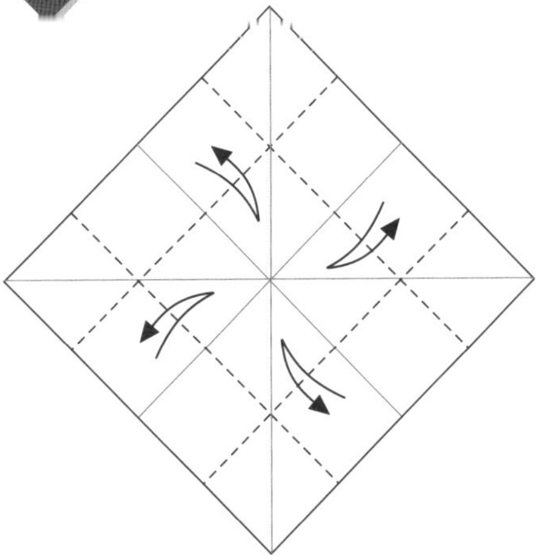

3 図のように谷折り線で正方形を作る。

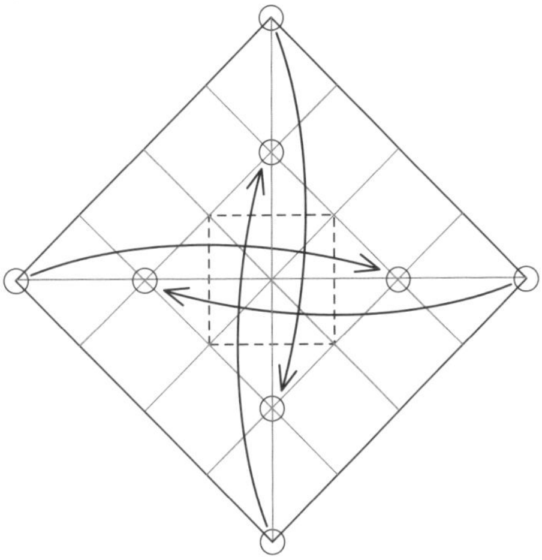

4 図のように折り目を付け直して、その通りに折る。4 つのカドを 1 点に合わせるようにして、**5** の形にする。

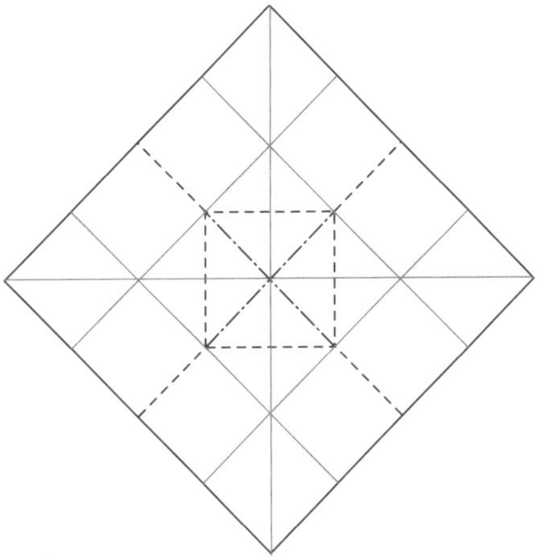

5

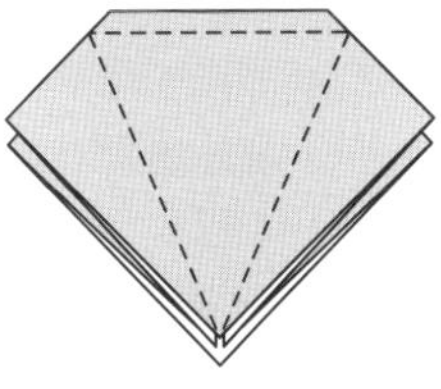

6

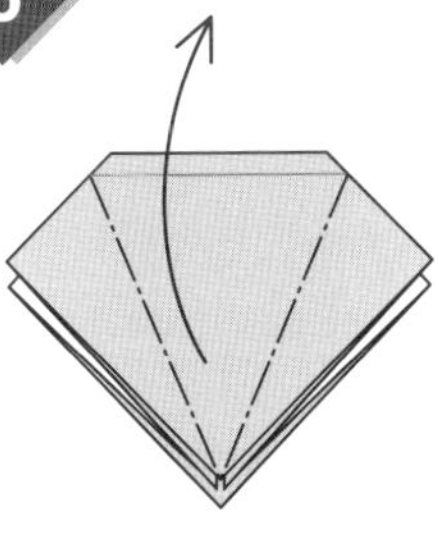

裏側も同様に折る。

7

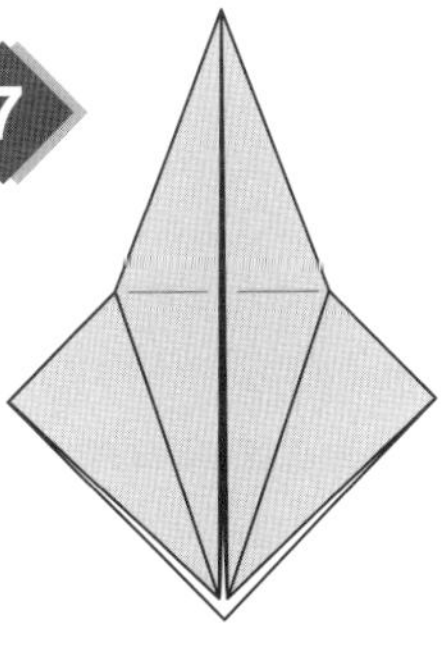

裏側も同様に折る。

以下
51 ページの
9～11と同じ

完成

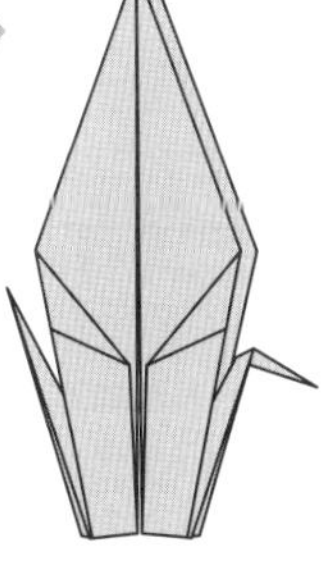

「妹背山」からの展開

器鶴の折り方を覚えたら、まずは「桑名の千羽鶴」の一つとして有名な〈妹背山〉の器鶴版を作ってみましょう。２羽の鶴が羽でつながっている構造です。器鶴版は、もとの〈妹背山〉よりも切り込みが浅くなります。

妹背山（参考作品）

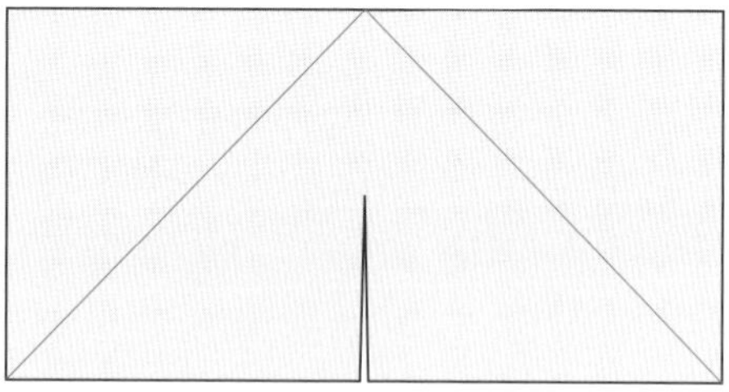

切：繫＝ 50：50

真砂 まなご｜２羽｜器鶴 作品 P６

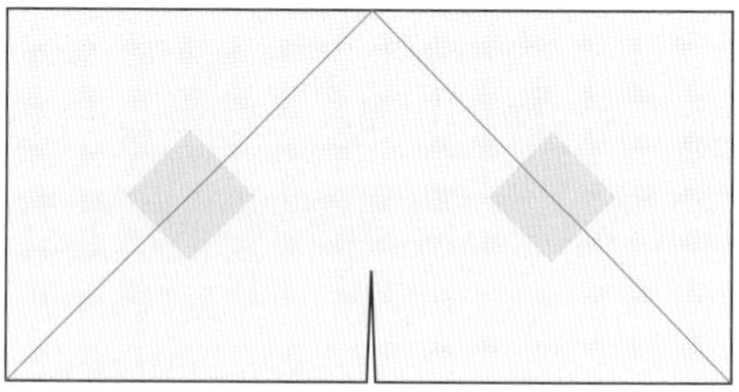

切：繫＝ 30：70（ストレートタイプ）
切：繫＝ 35：65（エッジタイプ）

折り図の見方

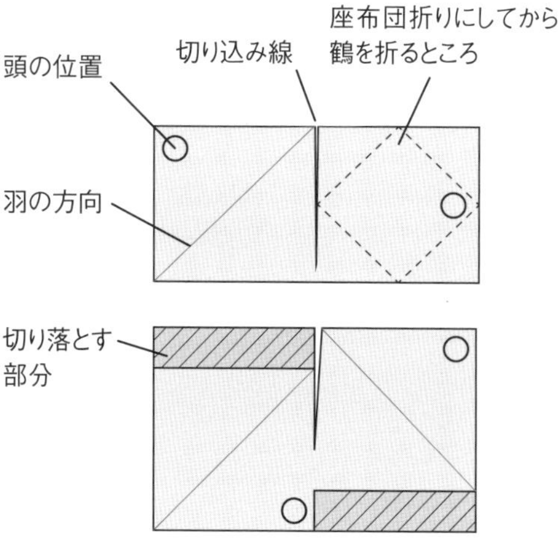

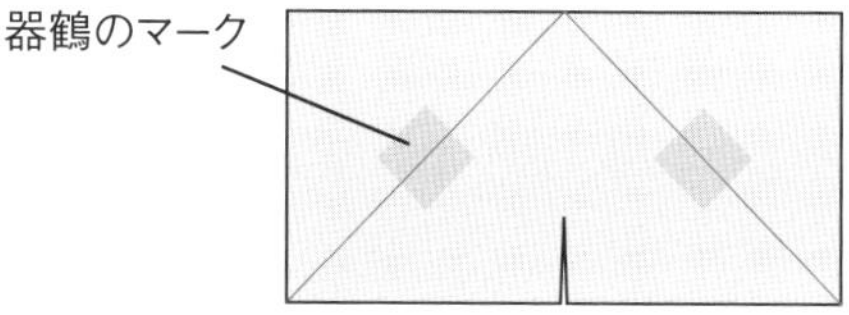

●頭の位置は、絶対的な場合のみ表示しています。それ以外は、羽の方向に応じて、どちらが頭になってもかまいません。

●切り込みと接結部（つながっている部分）との比率は、「切：繫＝ 30：70」のように表示します。表示がない場合は最小の接結幅（56頁参照）です。

「龍朧車」からの展開

４羽の鶴が羽で連結した〈龍朧車〉も「桑名の千羽鶴」の名作です。その応用から、いろいろな作品が生まれました。〈三方〉は４羽を３羽に、〈四方〉は基本となる鶴を器鶴に変えています。〈珠蕾〉〈蝶翔〉〈蓮生〉は、切り込み方を変えたもので、これらをさらに器鶴にしたり、３羽構造にすることも可能です。ちょっとした違いで、出来上がりの形が全く変わってくるのは面白いですね。

龍朧車（参考作品）

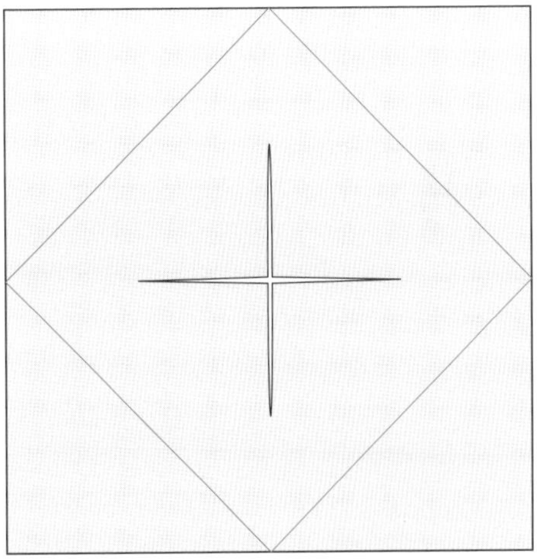

切：繋＝50：50

四方 よも ｜ 4羽 ｜ 器鶴ストレート 作品 P6

切：繋＝50：50
器鶴の連鶴の場合、切：繋＝30：70になることが多いが、この作品では作業スペースが少ないため、あえて50：50にしている。

三方

みかた｜3羽

伝承鶴

作品 P7

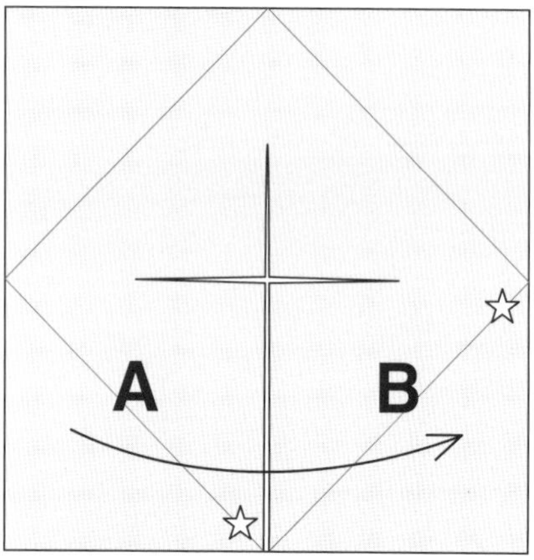

AとBを重ねて折る（☆が重なるように）。
切：繋＝50：50

珠蕾

しゅらい｜4羽

伝承鶴

作品 P7

切：繋＝50：50

蝶翔

ちょうしょう｜4羽

伝承鶴

作品 P7

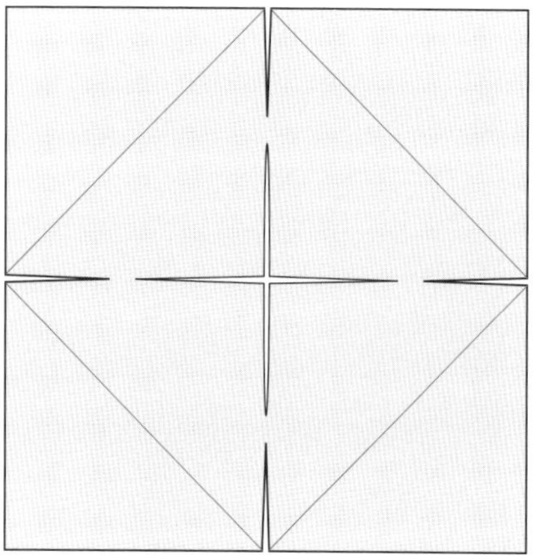

切：切＝40：60（接結部分は1片の中央よりやや外側）

ワンポイント 最小の接結幅

〈蝶翔〉では、切り込みと接結部の比率を「切：繋：切=○：○：○」ではなく、接結部分の真ん中を境に「切：切=○：○」と表示しています。これは、このようにごくわずかな接結部分だけでつながっている鶴の場合、用紙が大きくなっても、それに比例して接結部の長さが増えるということはないからです。作る人により多少の違いはありますが、15cm×15cmの折り紙でも30cm×30cmでも、接結部の長さは基本的に0.8～1.2cmが目安で、あとはケースバイケースです。ただし、使用する紙によっては、もっと接結部分を多くすることもあります。

また、切り込みの割合が微妙な作品の場合、必ずしも厳密に合わせる必要はありません。いろいろと工夫して自分なりの作品を作ってみて下さい。

蝶翔 4羽 | 器鶴ストレート 作品 P8

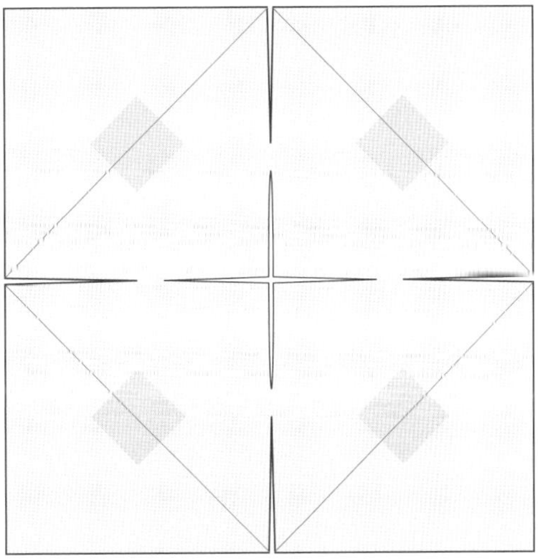

切:切＝60:40（接結部分は1片の中央よりやや内側）

蓮生 れんじょう | 3羽 | 器鶴ストレート

作品 P8

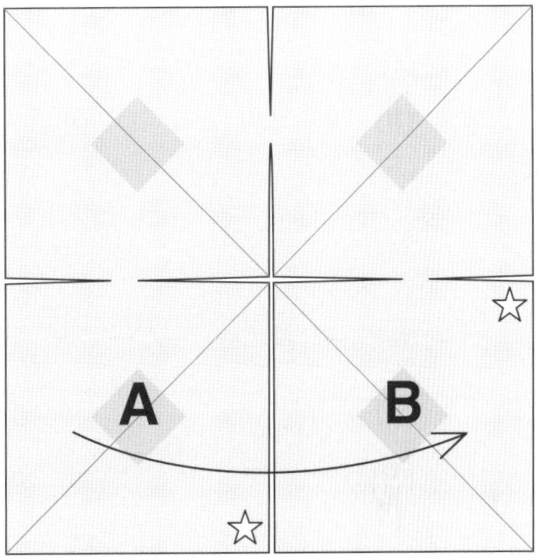

AとBを重ねて折る（☆が重なるように）。
切:切＝40:60（接結部分は1片の中央よりやや外側）

蓮生 4羽 | 器鶴ストレート 作品 P8

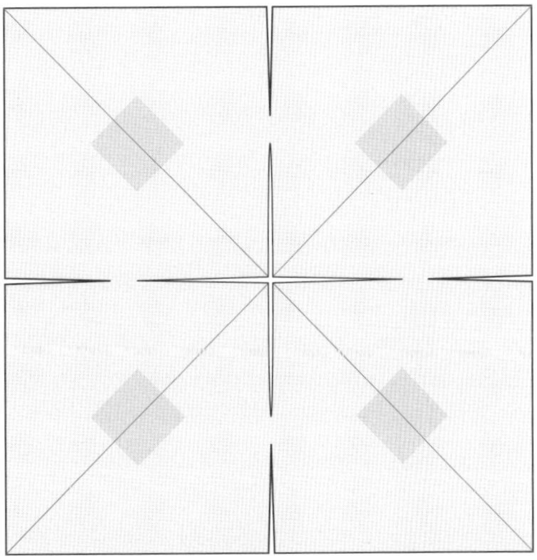

切:切＝40:60（接結部分は1片の中央よりやや外側）

「矢羽根」のバリエーション

〈妹背山〉と同じ羽根で連結するタイプの連鶴です。鶴の数を増やしていくと、輪のような形になります。伝承鶴のみ、器鶴のみ、伝承鶴と器鶴の組み合わせで作った作品をご紹介します。

矢羽根 やばね｜8羽｜伝承鶴 作品 P9

矢羽根 8羽｜器鶴ストレート 作品 P9

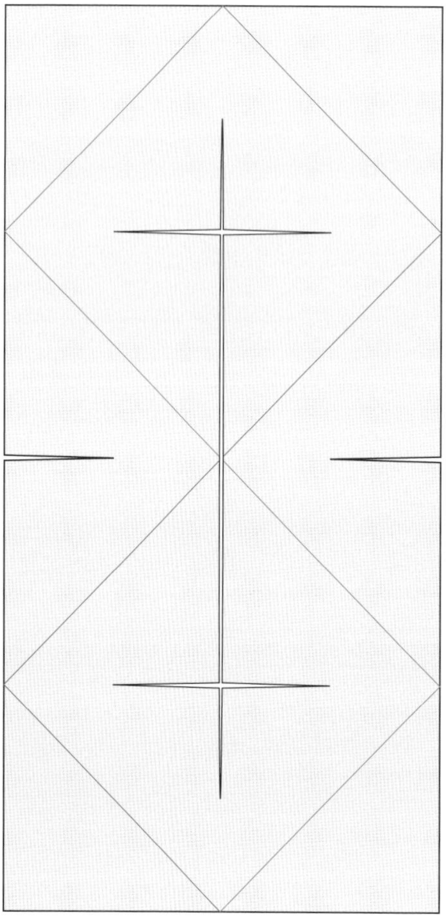

切：繋＝50：50

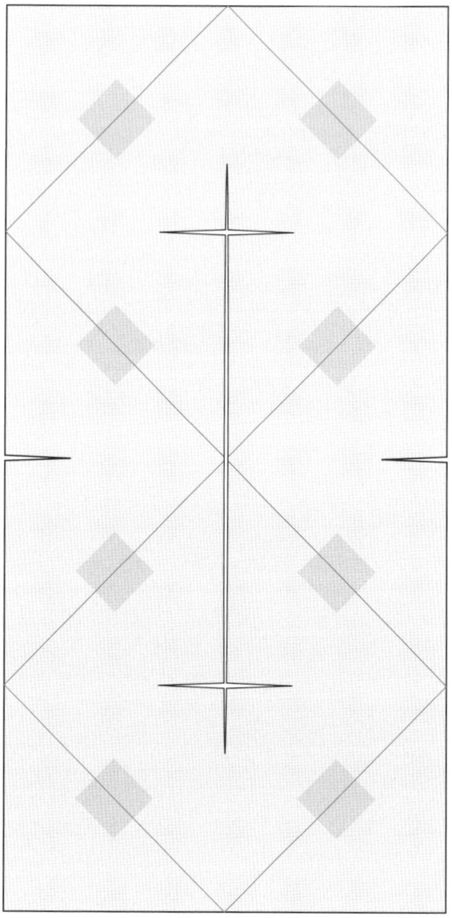

切：繋＝30：70

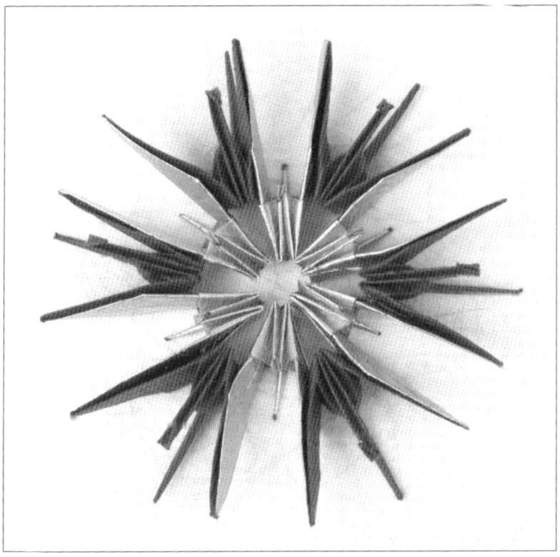

矢車 やぐるま｜12羽｜伝承鶴／器鶴 作品 P10

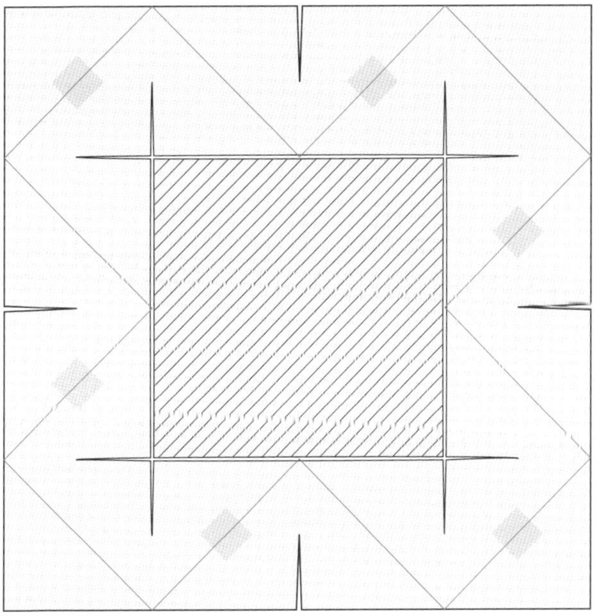

切：繋＝50：50
リバーシブル紙使用（表：裏＝1：1）

裏折りを生かす

表と裏で色が違うリバーシブル用紙を使って、連鶴の中の何羽かを裏折りにするのも楽しいものです。単に色彩効果が増すだけではなく、立体的に、より大きな変化が生じることもあります。

特に後半で紹介する三角鶴をベースにした連鶴では、裏折りをすることにより頭と尾の向きが逆になりますから、そこに別の力が働き、時には作品の形までも変わってしまいます。切り込みの入れ方は同じでも、どの鶴を裏折りにするかで、作品が別物になってしまうわけです。裏を返せば、三角鶴で作る連鶴に裏折りを取り入れると、作品の幅がぐーんと広がるということでもあります。だからといって、闇雲に組み合わせても仕方がありません。作品としてのバランスを考えれば、組み合わせ方は否が応でも絞られてきます。

また、裏折りをする場所によっては、いずれかの方向に「ねじれ」が発生します。問題はその解消です。絶対に不可能な場合もあれば、配置によっては可能なこともあります。裏表の組み合わせが可能かどうか知るためには、初めに全ての羽の方向に対角線を折ってみることです。これによって簡単にねじれの有無がわかりますから、どうぞお試し下さい。

ここで注意したいのは、どの鶴を裏折りにしたか必ず記録をしておくこと。羽数が多くなってくると、なかなか覚えてはいられません。「記憶に頼らず記録する」ことをおすすめします。

折り戻し

●折り目は折る前に

連鶴を作る時、折り始めの数羽は難なく作れるのに、後半になると作業がしづらくなり、折るのに苦労することがあります。これは、折りが進むにつれ、折り縮みが加わることで、徐々に作業スペースが減っていくためです。羽数が増えるほど難しさも増し、最後はお手上げ状態になることも。また、接結幅が狭い場合は、わずかな部分に力がかかるため、ちぎれやすくなってしまいます。

このような時に有効なのが、あらかじめ全ての鶴に折り目をつけておき、必要に応じて折り戻す「折り戻し」のテクニックです。前もって無理のない状態で、1羽ずつ丁寧に折っては開くことを繰り返し、しっかりと折り目をつけていくと、この折り目が手順をリードしてくれます。結局はつけなければならない折り目なら、ゆとりのあるフラットな状態の中でつける方が楽なうえに、仕上がりもきれいです。また、たとえば〈珠蕾〉(7頁)のように、折り戻しの方法でなければ作れない連鶴もありますから、ぜひ覚えてほしいテクニックです。

●折り予定線

「折り図」を用紙に書き写す際にも、ちょっとしたコツがあります。最初からわかっている折り目に色の薄い太めのボールペンやヘラなどで軽く力を入れて線を引いておきましょう。「折り目」ならぬ「折り予定線」ともいうべきもので、和洋裁に用いる「ヘラ」の印のような働きをしてくれます。これがあると、折る際には何も考えなくても導かれるように真っすぐな折り目がつきますし、角決めもより確かなものになります。折り目の全長でなくとも、先端(角部分)から内側へ、ある程度の長さがあれば十分です。

「折り戻し」も、「折り予定線」も、その目的は、無理することなく、確実に、よりよいものを作るということです。手間がかかるようにも思えますが、終わってみれば、結果が答えを出してくれます。

●折り目と目印

折り目でなくとも、縦・横・斜め・隣の鶴との境目などの基本的な線を、あらかじめ鉛筆などで薄く判別できる程度に書いておくことも、作品づくりを楽にしてくれるコツの一つです。折り紙の裏は白っぽい場合が多く、折り合わせる際のセンターがわかりにくいものです。こんな時に目印があると便利ですし、位置決めにも迷いません。もっとも、この線は絶対に必要になるとは限りません。あくまで補助の一つで、ついでに引いておくオマケの目印線だと思えばよいでしょう。

「立花」のバリエーション

この形の基本となる２羽つなぎと、４、６、８羽の作品を紹介します。羽と尾がつながっているのが特徴です。簡単な構造の割に折るのが難しいので、下のワンポイントを参考に折るとよいでしょう。

立花 たてはな ｜ 2羽 ｜ 伝承鶴

作品 P11

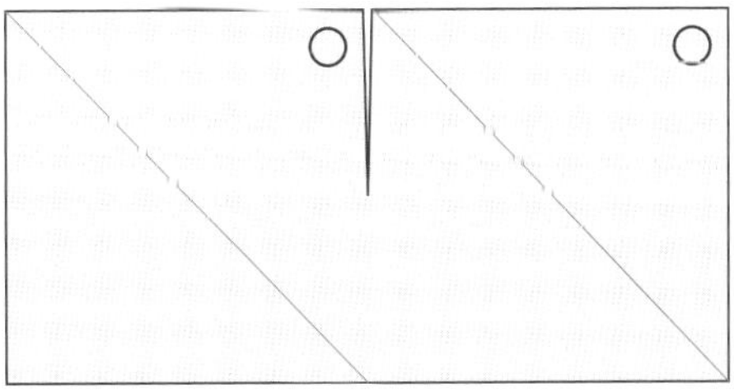

切：繋＝50：50

立花 4羽 ｜ 伝承鶴

作品 P11

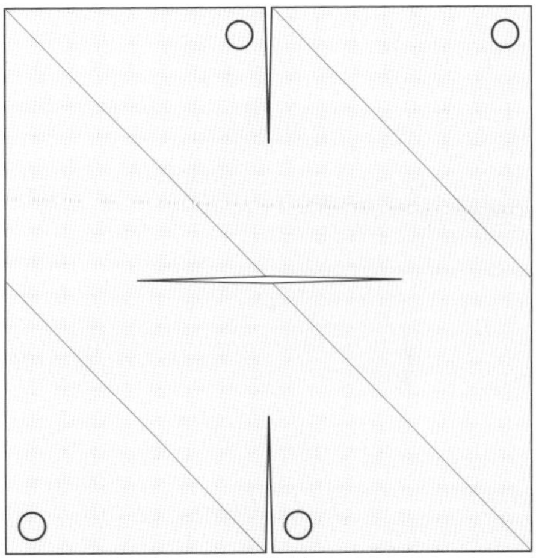

切：繋＝50：50

ワンポイント ☞ 立花の折り方

① 切り込みは少し長めに入れる（正方形の半分よりも心もち長め）。
② 1羽ずつ折り目をしっかりつけて丁寧に折る。隣の鶴との境目にも、あらかじめ折り目を入れておく。
③ 全ての鶴を一緒に折るのではなく、必ず1羽ずつ仕上げていく。
④ 羽に尾をつなぐのではなく、尾に羽をつなぐ順序で折っていく。

立花 6羽｜伝承鶴 作品 P11

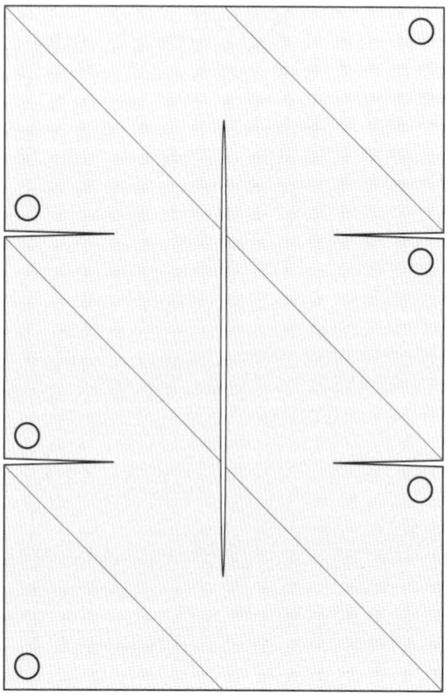

切：繋＝50：50

立花 6羽｜伝承鶴 作品 P11

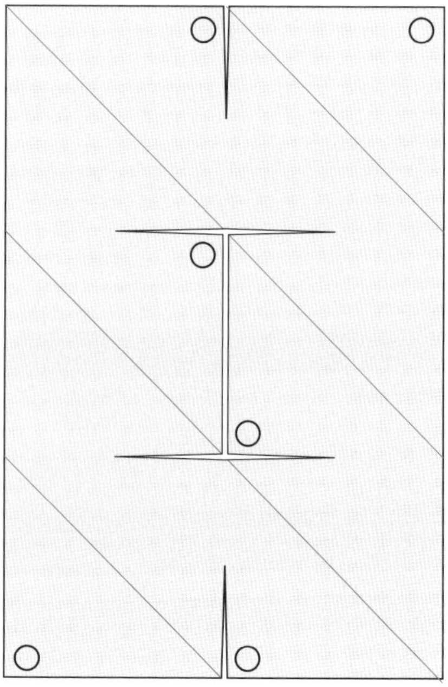

切：繋＝50：50

ワンポイント ミラータイプ

62頁の2つの作品や、63頁の2つの作品の折り図を見ると、切り込みと接結部が全く逆になっているのがわかります。このような関係を、私は「ミラータイプ」と呼んでいます。羽の方向を表す線は同じですが、切り込みが変わることによって、いくつかの鶴の頭の位置も変わっています。

ヒントになったのは、折り紙の「鏡折り」です。伝承作品の一つ〈手裏剣〉は、左右対称で逆に折ったパー

立花 8羽｜伝承鶴 作品 P12

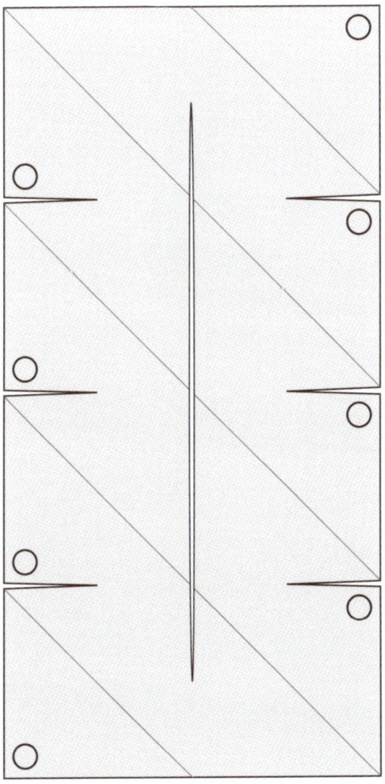

切：繋＝50：50

立花 8羽｜伝承鶴 作品 P12

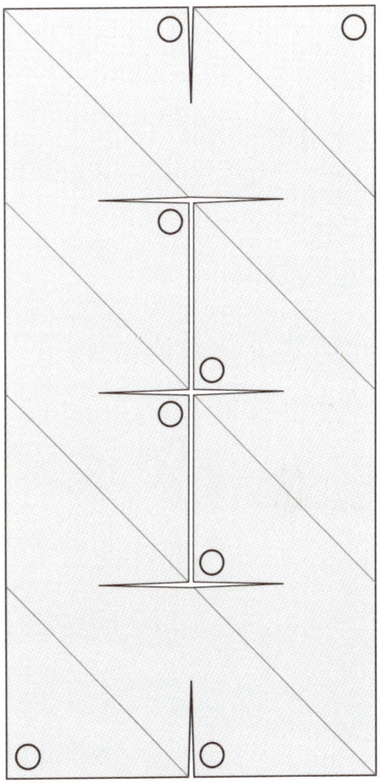

切：繋＝50：50

ツを組み合わせて作ります。くす玉などに使われるユニットにも、鏡折りになっているものがあります。それなら、折る前の「折り図」の段階で、鏡を利用した展開が図れないものかと工夫したのが、この作品です。作業はいたって簡単です。これまでつながっていた部分をカットし、切っていた部分をつなぐ、それだけで折り図は完成。そして実際に折ってみると…出来上がった作品は、鏡に映したとは思えないほど形の違うものでした！

「村雲」タイプのバリエーション

「桑名の千羽鶴」の〈村雲〉は、下の写真のように、大きな鶴の尾の上に小さな鶴が乗っている作品です。この上下関係のある構造をさらに発展させて、2羽の鶴を同じ大きさの鶴にしたり、鶴の数を増やしたりできないか？　というところから、様々なバリエーションが生まれました。

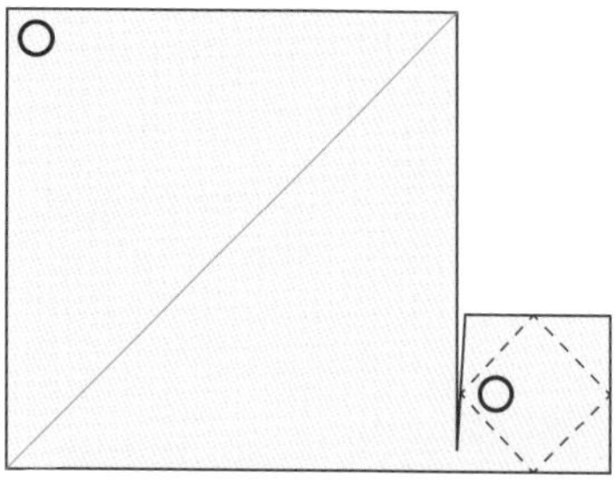

村雲（参考作品）

村雲変形

2羽｜伝承鶴 作品 P13

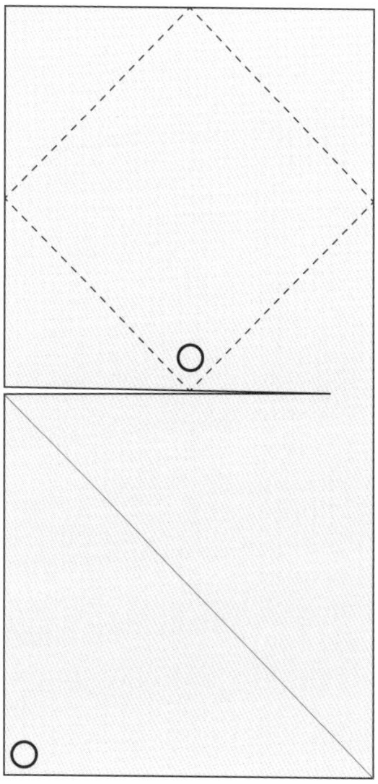

子来 こらい｜3羽｜伝承鶴

作品 P13

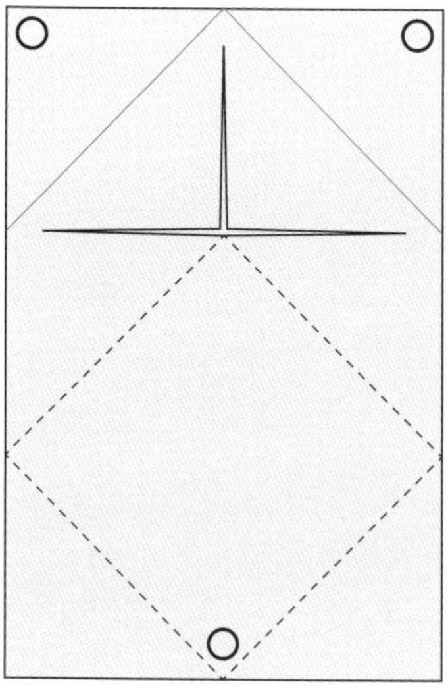

リバーシブル紙使用

鞍月 くらつき｜4羽｜伝承鶴 作品 P13

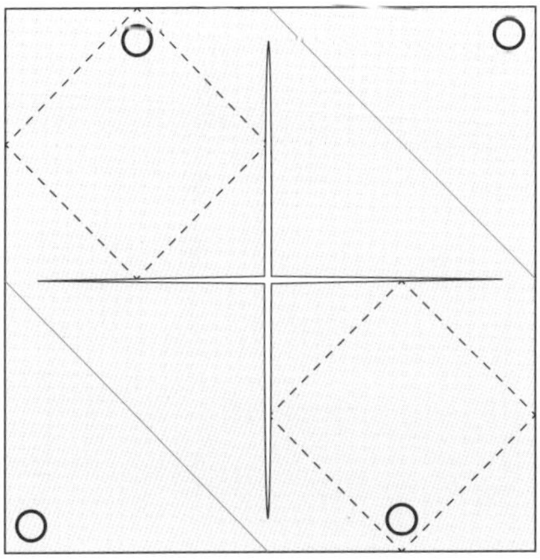

宝達 ほうだつ｜4羽｜伝承鶴 作品 P14

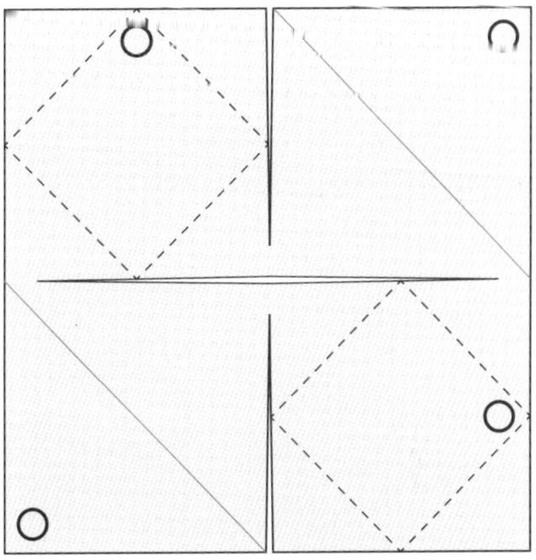

鞍掛 くらかけ｜4羽｜伝承鶴 作品 P14

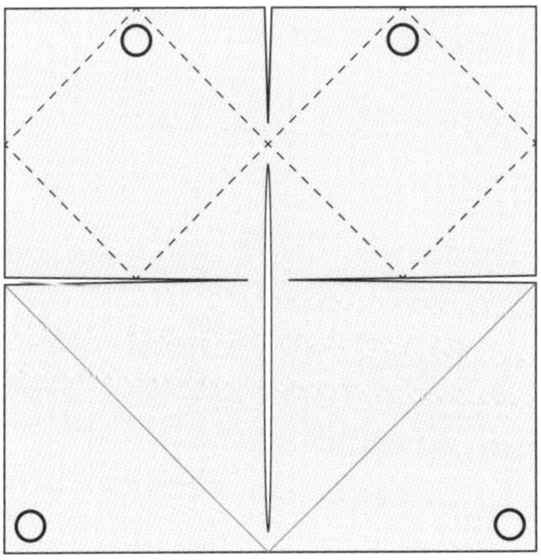

宝立 ほうりゅう｜4羽｜伝承鶴 作品 P14

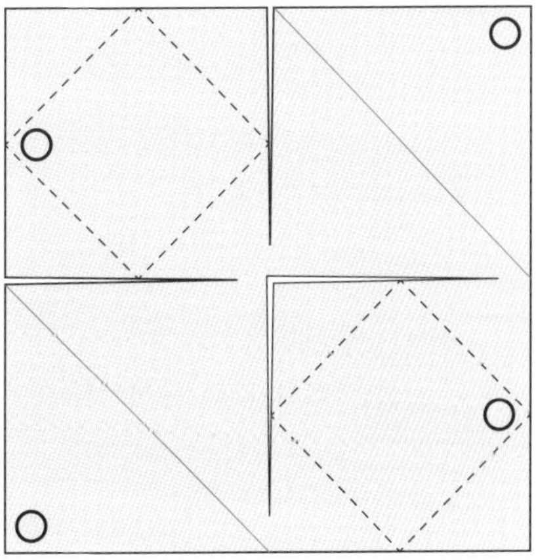

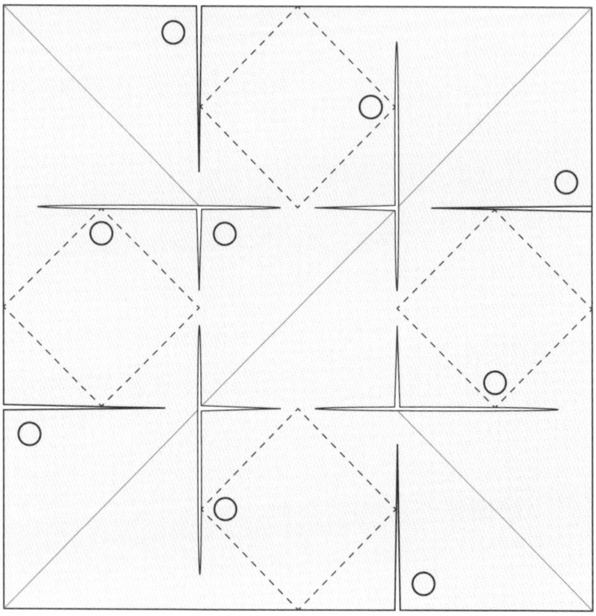

三段鶴 9羽｜伝承鶴 作品 P15

村雲タイプの連鶴

「はじめに」でもご紹介した『秘傳千羽鶴折形』が世に出てから200年あまり経ちますが、これがあまりにも完成度の高い作品群だったせいか、その後に続く連鶴の名作はほとんど出ていないのが実情のようです。何しろ「桑名の千羽鶴」は考え得る連鶴をことごとく網羅しており、名実ともにバイブルのような存在のため、あたかも、ここに掲載されている作品が連鶴の全てであるかのように扱われてきました。

しかし、中にはせっかくの手法をそのままにしておくにはいささかもったいない、これを発展させたらもっと面白いものができるのでは…と思われる作品もあります。その一つが、上下に鶴が連結する〈村雲〉です。難易度の高い方に分類されることもある作品ですが、羽数が2羽と少ないうえに、接結する箇所は一つしかありません。上と下の鶴のサイズが極端に異なるこの作品は、気がついたら作り終えていたというようなこともあります。

この構造を発展させて、上と下の鶴の用紙が同じ大きさで、なおかつ接結箇所が2カ所以上だったり、2羽の鶴の尾と尾の上に別の鶴がつながるような作品を折ったらどうだろうか？　と考えてみました。しかし、そもそも座布団折りの鶴を折ること自体が大変なうえに、真ん中でつながっている下の鶴が邪魔になります。それが他に幾つもつながっているとしたら、果たしてそんなものが折れるのだろうか、と初めの頃は可能性に対する疑問ばかり。今にして思えば、座布団折りに対するアレルギーが強すぎて、作ることを頭から拒否していたようです。でも実際に折ってみると、「案ずるよりは産むが易し」でした。

さて、上下関係のある連鶴を作るには練習から。まずは手慣らしに、上と下の鶴を同じ大きさの紙（縦：横 =1:2 の長方形）で〈村雲〉を作ることからスタートしましょう。最初からパーフェクトなものを作ろうなどとは考えないこと。何よりも仕上がりを気にせずに最後まで折り上げることが肝心です。実際に何度か折ってみると、すぐにコツがつかめます。

次に、具体的な手順を説明します。座布団折りをするので、なるべく薄目の用紙（大きめの和紙がベスト）と両面テープを用意しておきましょう。

①縦：横 =1:2 の長方形を用意したら、折り図の通り接結部分を 1㎝ほど残して裁断する。
②下になる一枚折りの鶴を折り上げる。
③上になる座布団折りの鶴の中央部分に両面テープを貼る。
④剥離紙をはがして座布団折りに、四隅を畳む。
⑤上になる鶴を折っていく。

コツの一つは、上の鶴を折る前に、菱形の基本形（51 頁の手順 9）に導く折り目をあらかじめ1本ずつ強制的につけておくことです。なにせ座布団折りの状態で普通に鶴を折るのは、至難の業ですから。うまく菱形の基本形が作れた時は、その腹に下になる鶴がつながっているというわけです。

もちろん下の鶴ごと折っても折れないことはありませんし、作業も早いのですが、どちらかといえば、手間でも１本ずつ折り目をつける方が確実な上にきれいに仕上がります。ただし、『秘傳千羽鶴折形』にある〈村雲〉そのもののように上の鶴が極端に小さい場合は、下の鶴ごと折る方が簡単です。

慣れてきたら、「尾の上に鶴」を「羽根先に鶴」にするなど、下になる鶴の頭位置 (羽根方向) を変えてみましょう。また、下を伝承鶴、上をふくれ鶴（73 頁参照）にするといったように、上下の鶴の種類を替えることも簡単です。

『秘傳千羽鶴折形』の解説書は何冊か出版されてますが、〈村雲〉の折り方に関しては記述が少ないように思います。もう少し詳しい説明が欲しいのは誰しも同じではないでしょうか。ただし、実際に折ってみると、思ったほどには難しくないはずです。これまで食わず嫌いだった人にも、ぜひチャレンジしていただきたいと思います。ひとたび、このシリーズの味を覚えると、やみつきになること間違いなしです。

三段鶴の折り方

三段鶴も、「村雲タイプ」の応用から生まれた作品です。出来上がった作品を見ると、上段に１羽、中段に４羽（座布団折り）、下段に４羽という三段構造になっているので、こう名付けました。70 ～ 71 頁で紹介するような、正方形が階段状につながった形の用紙で折る〈段鶴〉とは成り立ちが違いますので、ご注意下さい。

では、この作品の折り方の手順を、具体的に見ていきましょう。

初めに用意する紙のサイズは、１羽の鶴をどのぐらいの大きさの紙で折るかで決まります。たとえば、１羽分の紙の目安が 10 × 10㎝とすると、用紙全体は 30 × 30㎝です。座布団折りがあるので、できるだけ薄目の和紙を選びましょう。

できれば、事前に一度「試し折り」をしてみることをおすすめします。座布団折りにした紙で、鶴を一羽でも折ってみて下さい。特に、最後の段階で頭と尾を中割り折りにするのに、相当強い力が必要なことが実感できるでしょう。この一手間が、本番の練習にも、心構えにもなります。

それでは、スタートです。

①用紙に折り図の線を全て引く

1. まず、縦横に３等分線を引く。
2. 重ね折りをするマスには座布団折りの枠にあたる斜線を引いておく。
3. 各マスを半分にする６等分線を縦横に引く。
4. 座布団折りをするマスの中心線を引く。

※線を引く時は、できるだけ正確に。また、気持ち力を入れて引くと、目印になるだけでなく、折り目付けの下地にもなる。線ばかり引く作業のように思えるが、60頁で説明したように、これによって後の作業が格段に楽になり、仕上がりもきれいになるので、しっかり引いておこう。

※接結部分は 0.8 ～ 1.2㎝くらいとし、必要以上に長くしない。用紙が弱ければ、あらかじめ補強のためのチカラ紙（76 頁参照）を貼っておくとよい。

②鶴の向きを記入する

1. 一枚折りをする鶴の羽根方向 (マスの対角線) を描き、頭位置に○印を入れる。
2. 座布団折りから重ね折りをする鶴の頭位置に○印を描く。

③折り目を付ける

一通り描けたら、裁断する前に、全ての線に折り目をつけておく (重要ポイント！)。

④座布団折りの部分に両面テープを貼る

座布団折りの鶴の中央部分に両面テープを貼っておく (ただし、剥離紙ははがさないままにしておくこと)。

⑤裁断

接続部分を残して裁断する。

⑥折る

1. 中央の鶴 (最上段になる鶴) をいったん折って、元に開いておく。

2. 一枚折りの鶴４羽を折る (最下段になる鶴)。

3. 座布団折りをする鶴を折る (中段になる鶴)。

4. 最後に、中央の鶴を折り戻す。

※1羽ずつ両面テープの剥離紙をはがしながら折り上げていくのがコツ。

⑦完成

全体に形を整えて完成。

座布団折りにした鶴は二重折りの塊のようなものですので、ボテ鶴気味になるのは致し方ありません。気になるようでしたら、つながっていない方の羽根にだけでも軽くアイロンを当てると、羽根の厚みは目立たなくなります。

本書には掲載しませんでしたが、三段鶴と同じパターンで、五段鶴や七段鶴も作ってみました。羽数は増えますが、作業スペースが広くなるので三段鶴よりは折りやすいですし、完成すれば見応えもあります。折り図だけは九段鶴まで作成済みですので、これからどこまで発展するか、楽しみな作品です。

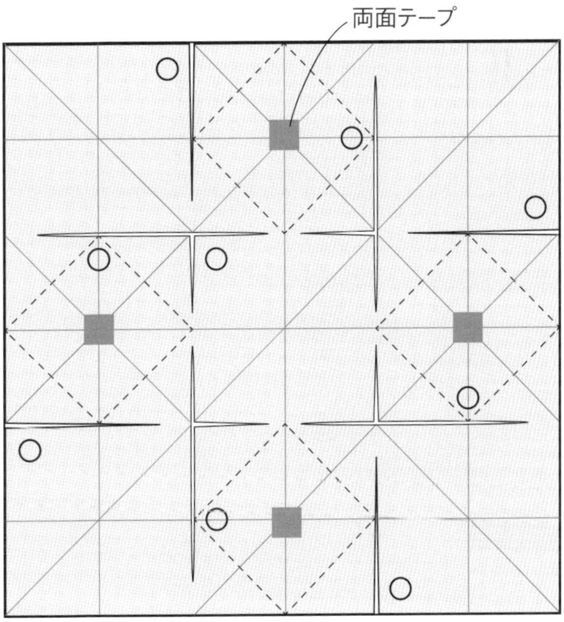

①～⑤の作業を終えた用紙

1/2 段鶴のバリエーション

〈段鶴〉の特徴は、折り図が一定の段差で階段状につながっていることです。ここでは、1 羽の鶴のもとになる正方形の 1 辺の 1/2 ずつ段がずれていくタイプの段鶴をご紹介しましょう。最後に両端の鶴を重ね折りすれば、リング状の作品になります。

1/2 段鶴 2 羽｜伝承鶴

作品 P16

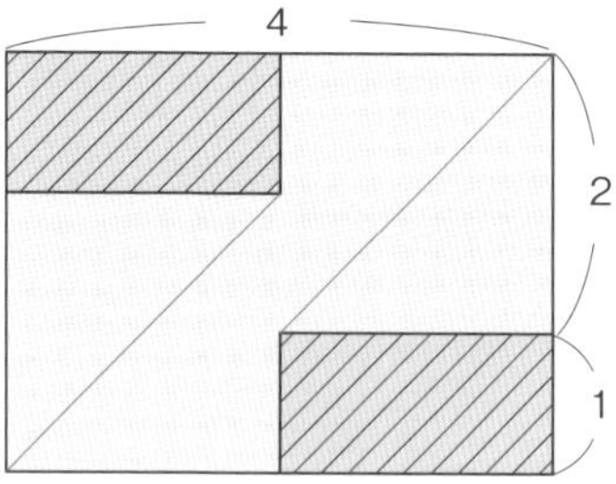

リバーシブル紙使用

1/2 段鶴 4 羽｜伝承鶴

作品 P16

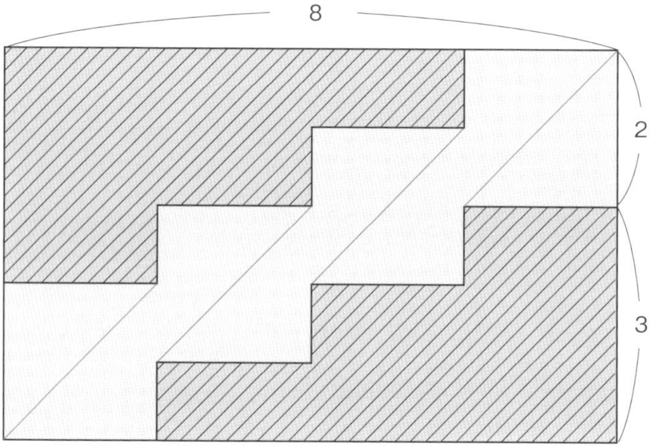

1/2 段鶴 Triangle 6 羽｜伝承鶴

作品 P17

AとBを重ねて折る（☆が重なるように）。

1/2 段鶴 Square 8羽｜伝承鶴

作品 P17

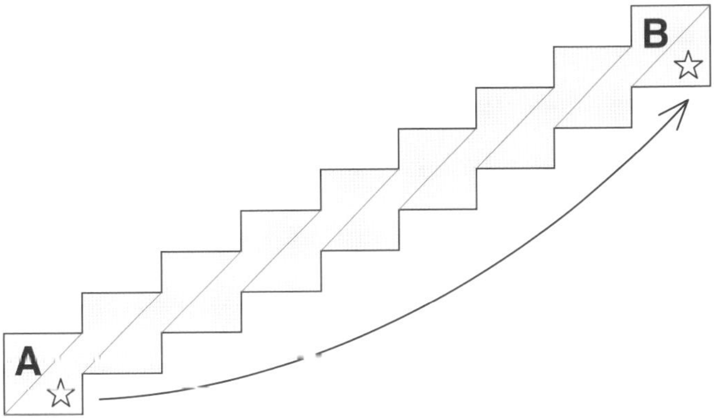

AとBを重ねて折る（☆が重なるように）。

ワンポイント 〈横雲〉との比較

〈段鶴〉は、見たところ「桑名の千羽鶴」の〈横雲〉によく似ていますが、構造は全く違います。〈横雲〉の鶴は座布団折りで、つなぎ部分を重ねながら折っていく複雑な構造です。一方〈段鶴〉は用紙を階段状にするだけで座布団折りもなく、折るのはずっと簡単です。ご参考までに、〈横雲〉を2羽のみにしたものと、〈1/2段鶴〉よりいっそう〈横雲〉に近い〈3/4段鶴〉の折り図をご紹介しますので、比べてみて下さい。

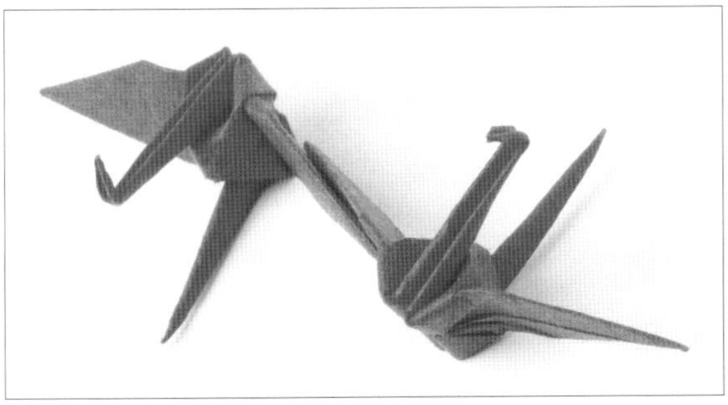

横雲（2羽のみ・参考作品）

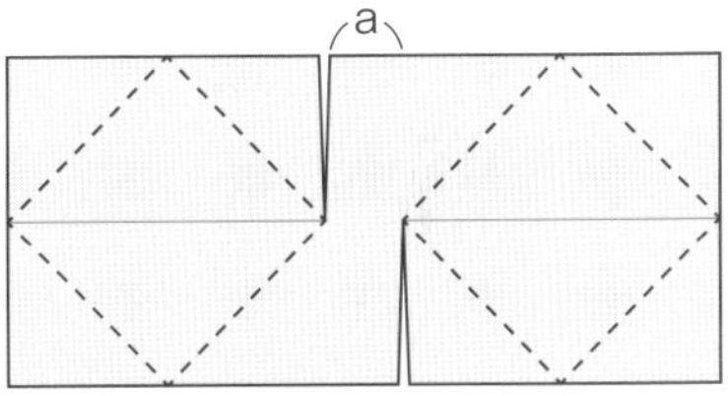

aの長さは1辺の1/4
用紙の縦：横＝4：9

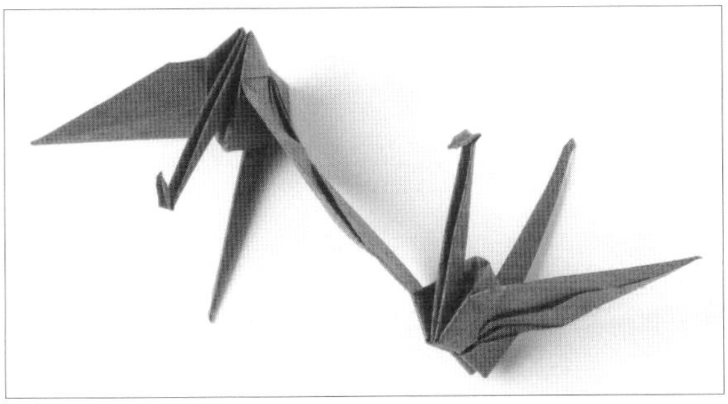

3/4 段鶴 2羽｜伝承鶴

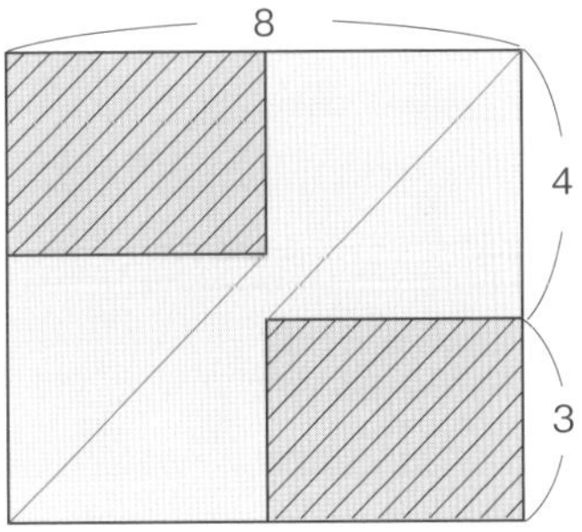

②「箱鶴」「ふくれ鶴」を基本に

「箱鶴」と「ふくら雀」は伝承の折り紙です。「箱鶴」の羽根の形を、よりシャープにした作品を「ふくれ鶴」、そこから一手間省いたものを「手抜きふくれ鶴」と名付けました。

「箱鶴」の折り手順

50ページの**5**より。**1**～**3**は全て裏側も同様に折る。

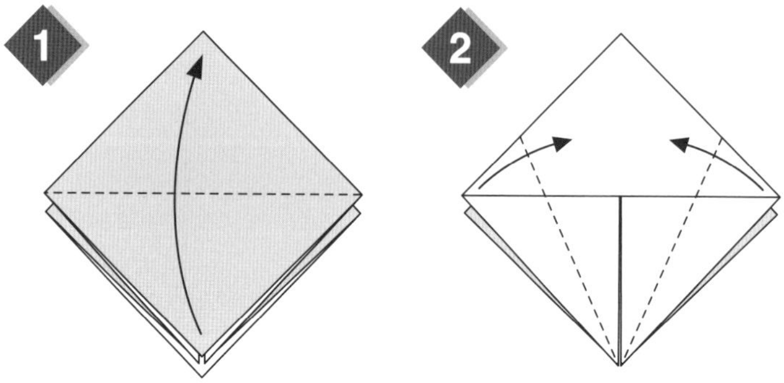

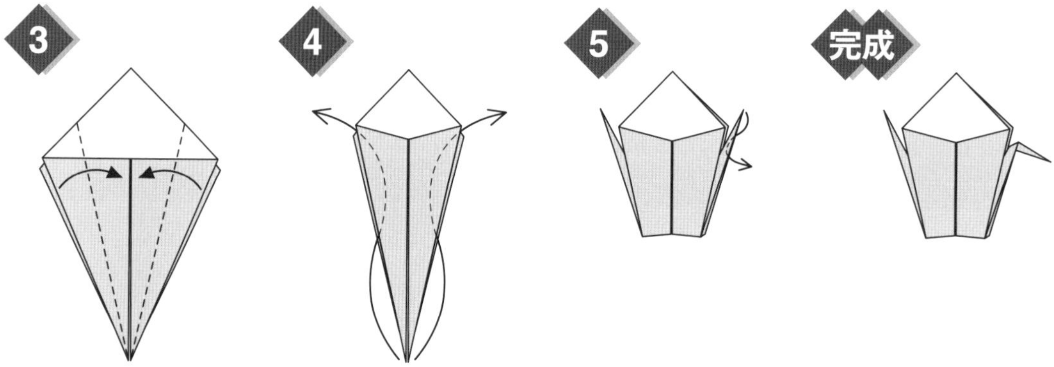

「ふくら雀」の折り手順

「箱鶴」の**3**より。

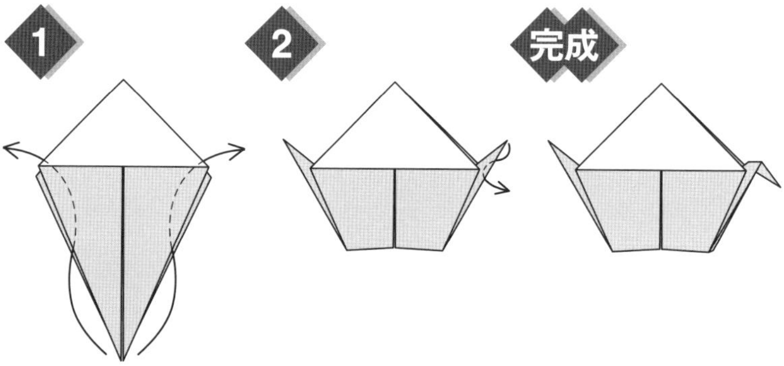

「ふくれ鶴」の折り手順

「箱鶴」の **2** より。**1** ～ **5** は全て裏側も同様に折る。

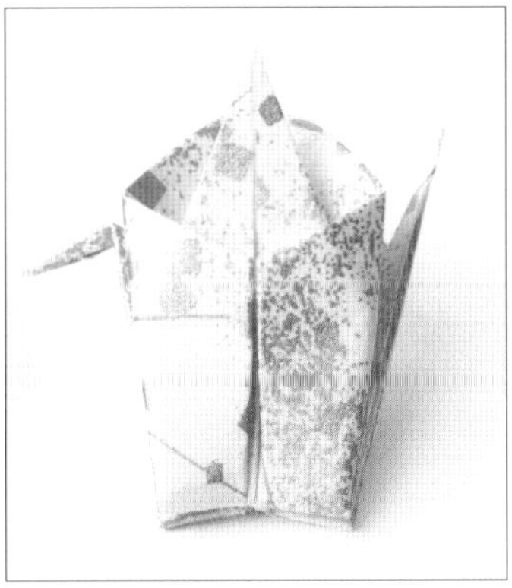

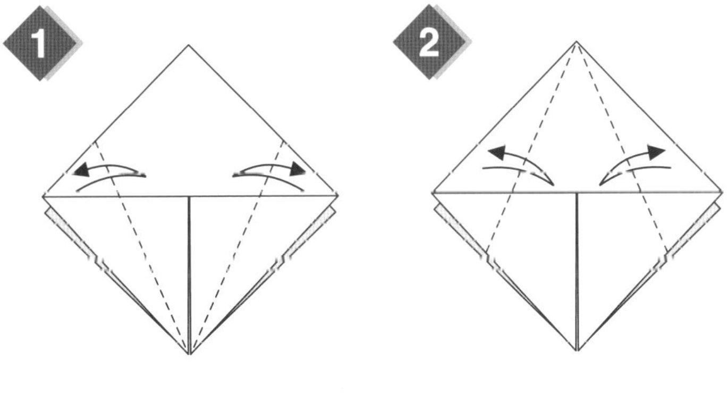

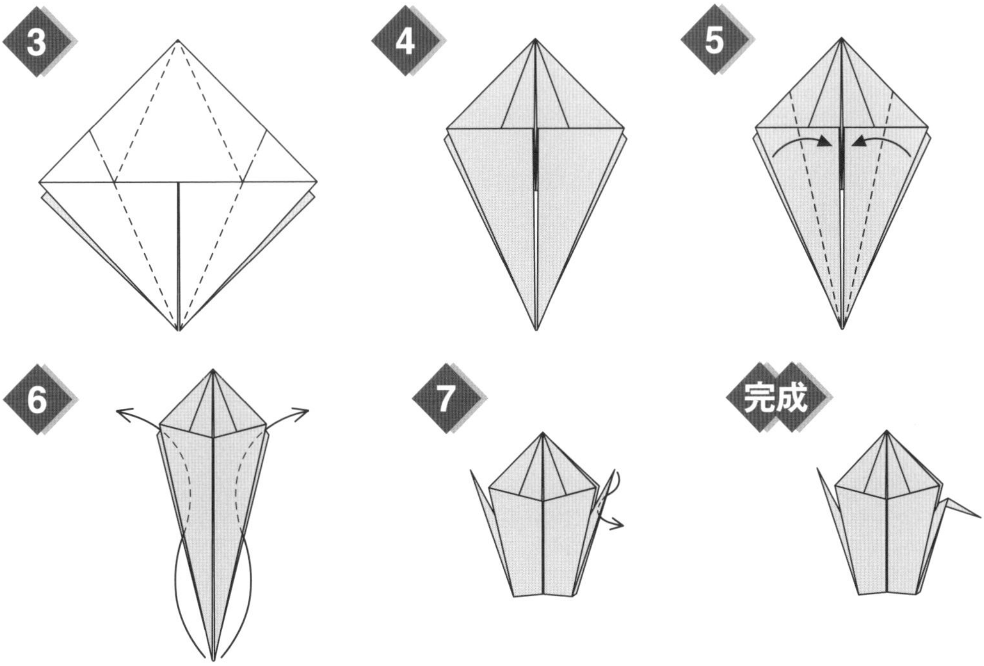

「手抜きふくれ鶴」の折り手順

「ふくれ鶴」の **4** より。

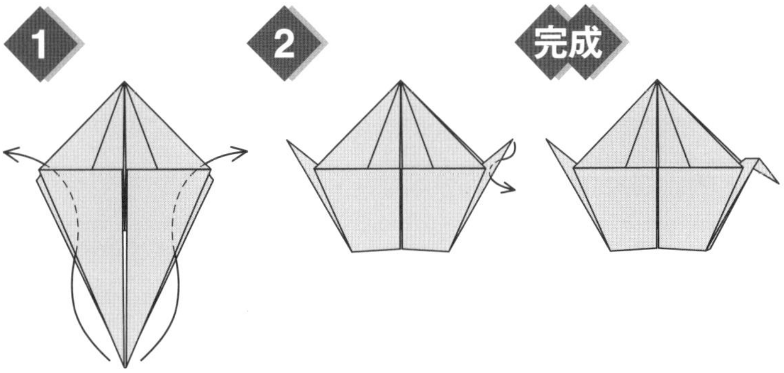

「妹背山」「龍朧車」「矢羽根」の応用

箱鶴やふくれ鶴などの変形鶴をもとに、伝承鶴と同じような構造の連鶴を作ることができます。折り方は簡単ですし、伝承鶴とはまた違った可愛らしい作品になりますので、ぜひ試してみて下さい。「切：繋＝ 80：20」としている作品については、折りにゆとりが欲しい場合、切り込みを若干長めにするとよいでしょう。

真砂 2羽 | ふくれ鶴 作品 P18

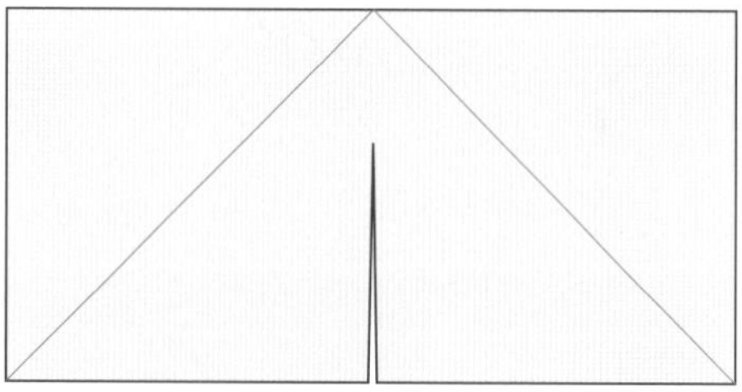

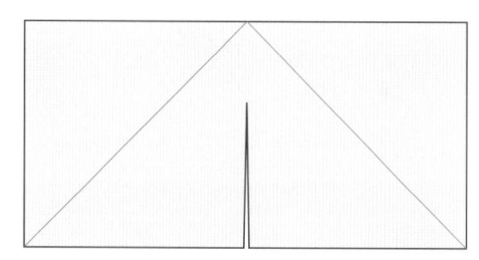

切：繋＝65：35
折りづらい場合は切り込みを多くして 80：20 程度にしてもよい。ただし、こうすると羽先だけの接結になる。

四方 4羽 | 箱鶴 作品 P18

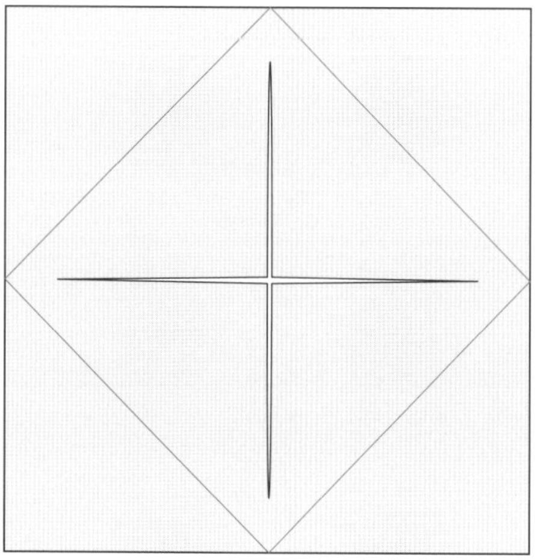

切：繋＝80：20

四方 4羽 | ふくれ鶴 作品 P18

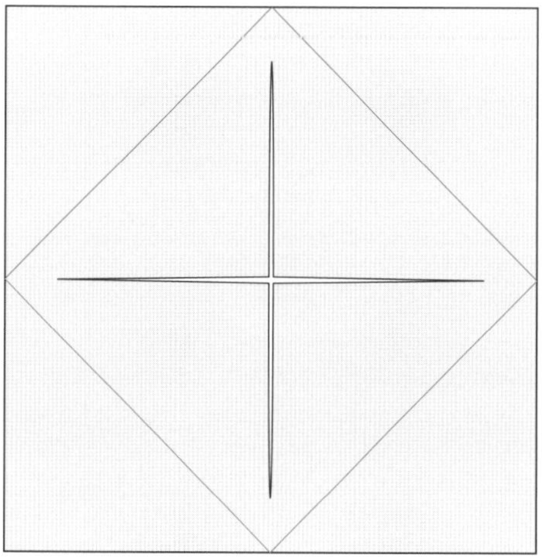

切：繋＝80：20

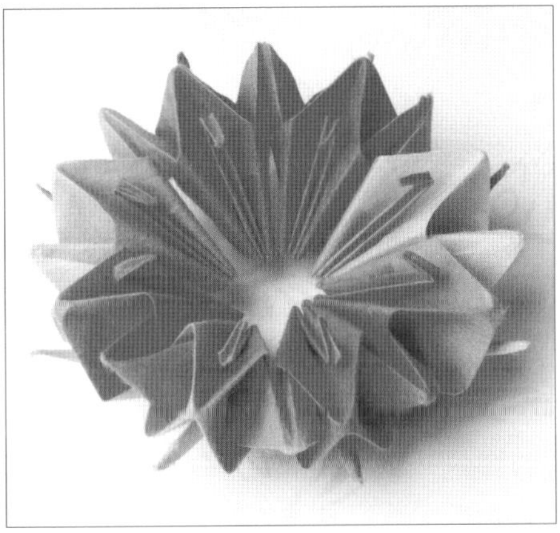

矢羽根 8羽 ふくれ鶴

作品 P19

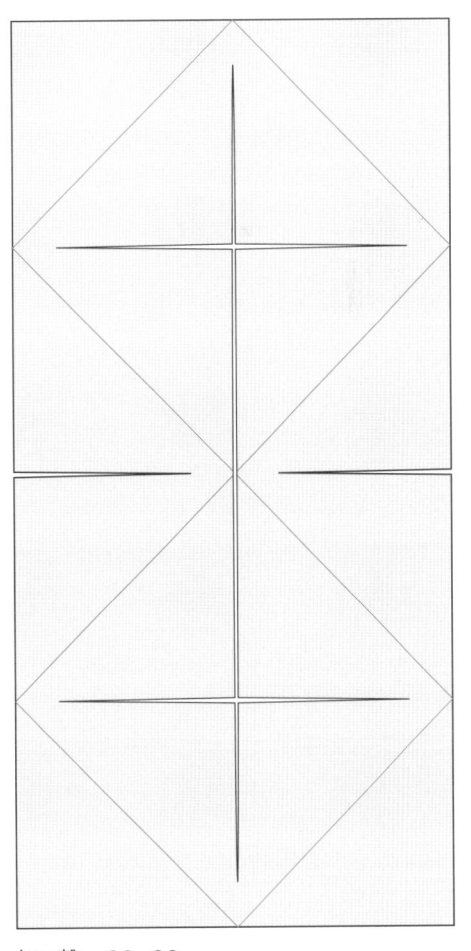

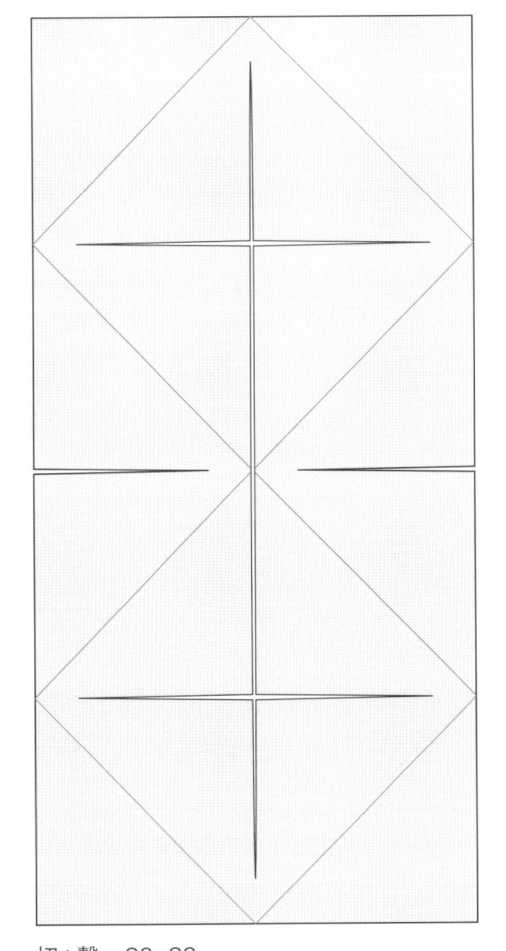

切：繋＝80：20

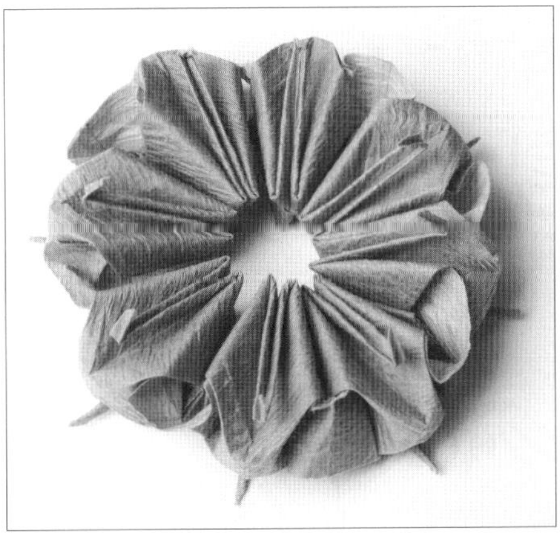

矢羽根 8羽 箱鶴

作品 P19

切：繋＝80：20

矢車 12羽｜手抜きふくれ鶴 作品 P19

切：繋＝80：20
リバーシブル紙使用（表：裏＝1：1）

チカラ紙

連鶴を作る際、常に丁寧に慎重にと心がけてはいるものの、途中でちぎれてしまい情けない思いをすることがあります。ことに完成を目前にちぎれたとなると、泣くに泣けません。

〈妹背山〉のように羽根全体でつながる作品もあれば、〈蝶翔〉や〈蓮生〉のように接結部分がごくわずかな作品もあります。後者の場合、そのわずかな部分をいじくり回すのですから、よほど慎重に優しく扱わないことには、ちぎれることが目に見えています。用紙が小さかったり、弱かったりすれば、なおさらのこと。

そんな時に役立つのが〈チカラ紙〉です。前もって、別の紙を補強材として接結部分の裏側に貼っておくもので、私は市販の和紙絆《ばん》テープ(10 ～ 12㎜幅)を愛用しています。「おまじない」のようなものですが、多少なりともちぎれにくくなるのは確かです。仕上がればだいたい隠れてしまうので、外側からは見えません。〈村雲〉タイプの作品に至っては、接結部分が鶴のお腹の中に入ってしまうため、全く気になりません。ただ、チカラ紙を貼る作業はもとより余計なうえに、結構面倒なものです。貼らずに済めば楽なのですが、せっかく折った鶴がちぎれて泣きを見ないためにも、この手間を惜しんではならぬと肝に銘じています。「ちぎれたら、また作ればいい」と言いたいところですが、やはり「ちぎれたら、もったいない」のが本音です。

和紙絆テープの他には、薄くて丈夫な和紙を両面テープで貼り付ける方法もあります。あらかじめ、いろんな幅の手製テープを10㎝ほどの長さに切りそろえて用意しておくと、接結部分の大きさによって使い分けができるので便利です。

鶴と鶴とのつなぎ目以外でも、たとえば「藤葛」の用紙の中心部のように１点に集中して折りが加わるところでは、紙が徐々にくたびれて最悪の場合穴が開くということもありますが、そんな時にもこのチカラ紙が威力を発揮します。特に折りが集中する部分に、１㎝四方ぐらいのチカラ紙を貼っておけば、穴が開くことは、まずなくなります。さらには裏打ち効果で、中心部分の折り目が弱ることもなくなり、よれずにピシッと立つというオマケも。また、繊維の長い和紙に比べ、繊維の短い洋紙は折りに弱いのですが、和紙のチカラ紙を貼ることで、強さを加えることができます。

ほんのわずかな手間で、これだけのメリットがあるわけですから、チカラ紙を利用しない手はありません。ただし、これだけ用心してもちぎれてしまった時は、潔く作り直すこと。思い切ってやり直すという気持ちの切り替えも大切です。

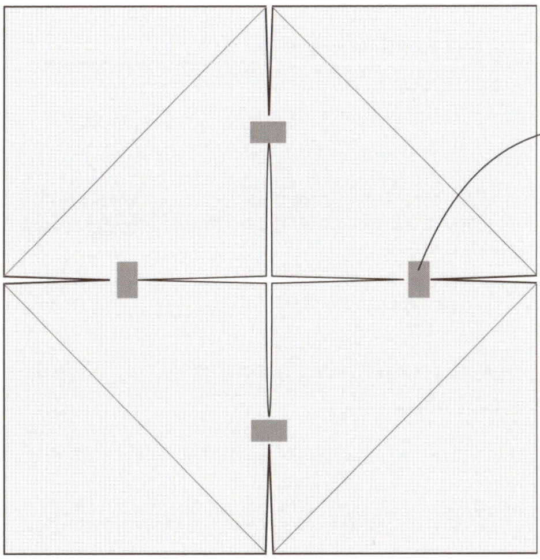

〈蝶翔〉（7 頁）のチカラ紙の例

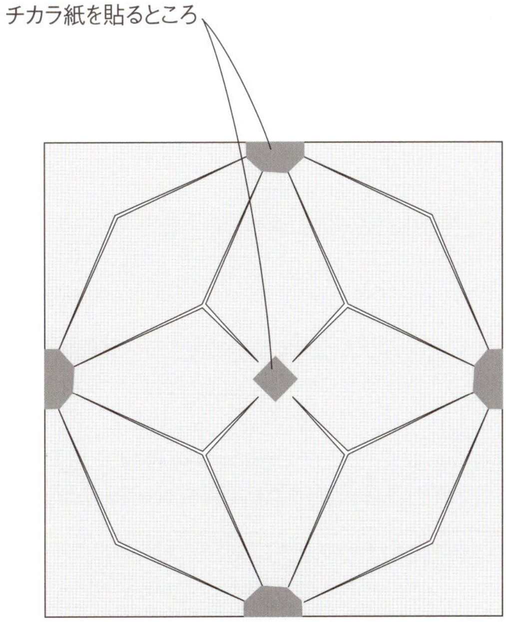

〈藤葛〉（28 頁）のチカラ紙の例

③「菱形鶴」「凧形鶴」「三角鶴」を基本に

この章では、正方形以外の形の紙で折る鶴を組み合わせた作品をご紹介します。菱形、凧形、三角形などの紙から鶴を折り出すのは、最初は難しく思われるかもしれませんが、何度か繰り返すと、自然に手が動くようになります。

「菱形鶴」の折り手順

手始めに、菱形鶴から折ってみましょう。伝承鶴に近いので、折りやすいと思います。羽が長く、首と尾が短い鶴になります。

1

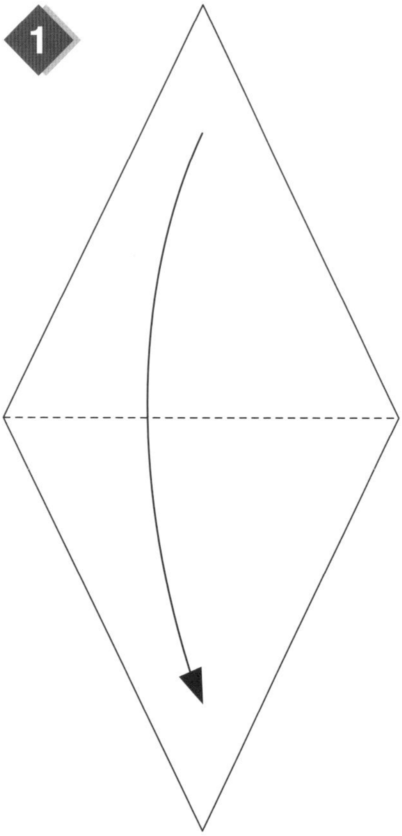

2

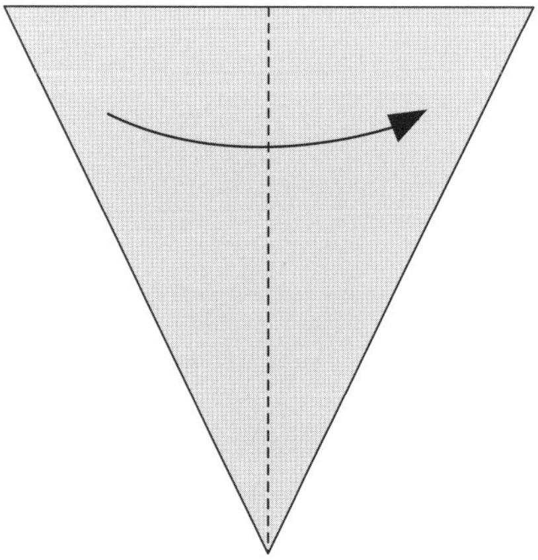

3

開いてつぶす。裏側も同様にする。

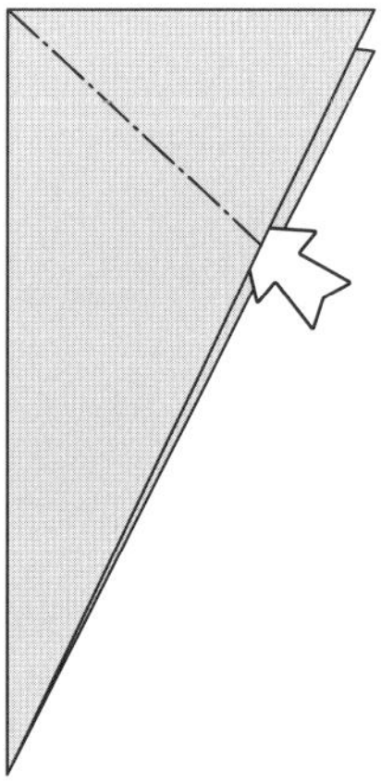

4 4〜6は裏側も同様に折る。

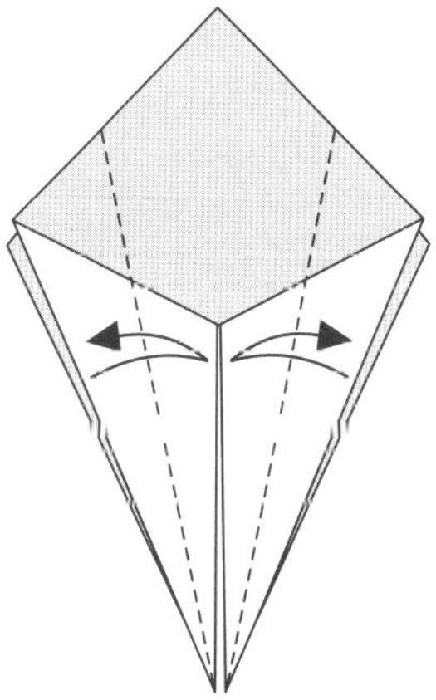

5

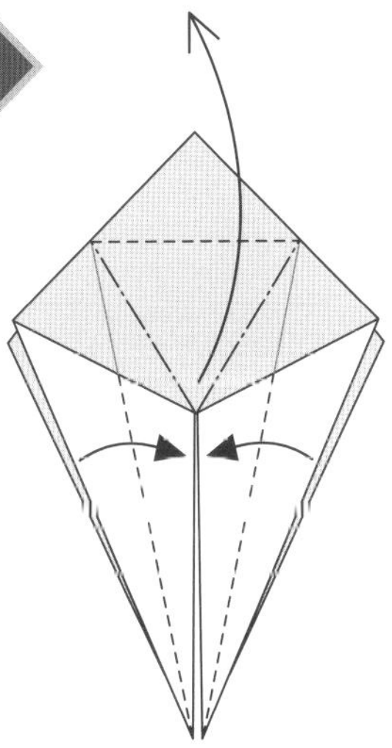

6

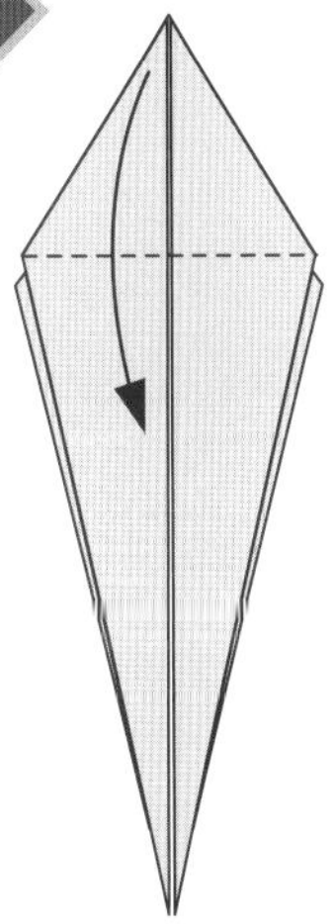

7 前後1枚ずつずらす。

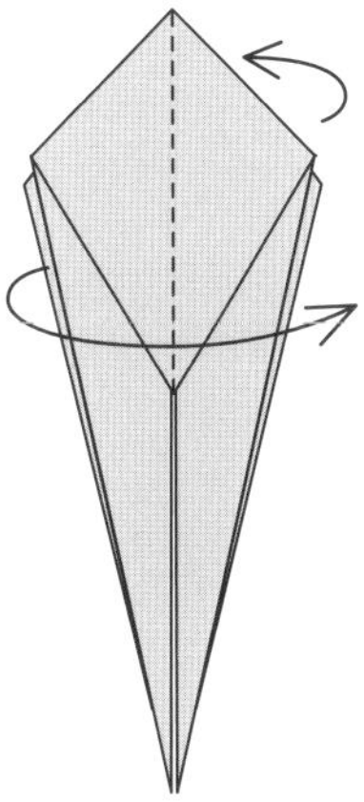

8 8〜9は裏側も同様に折る。

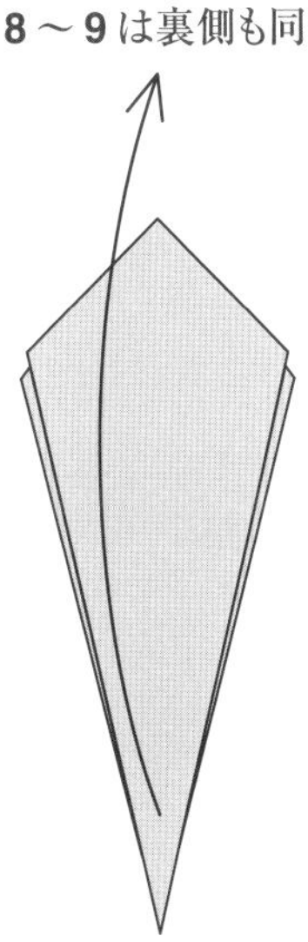

9

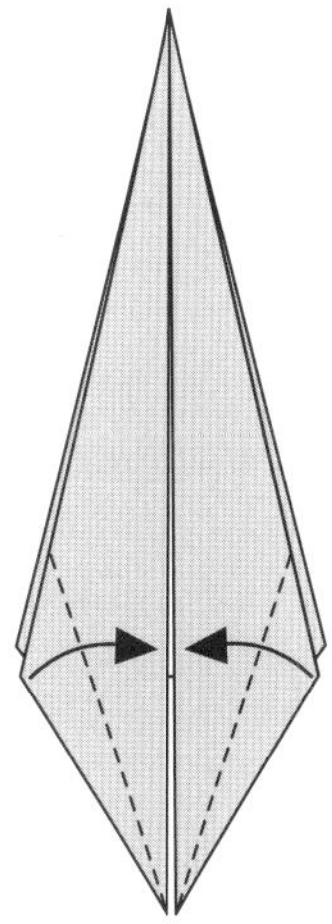

10

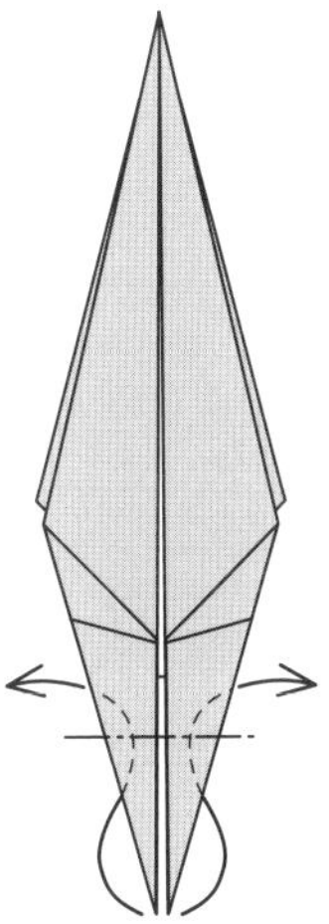

11

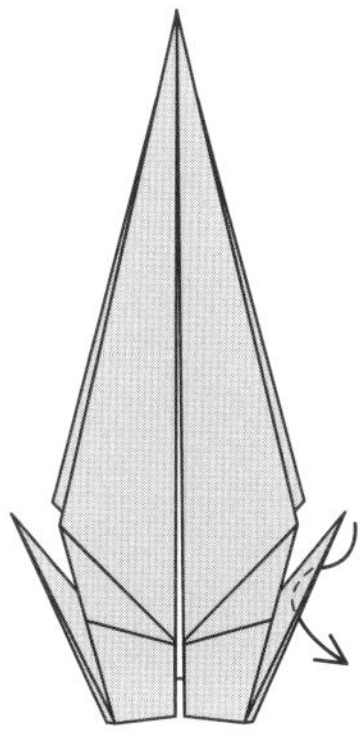

完成

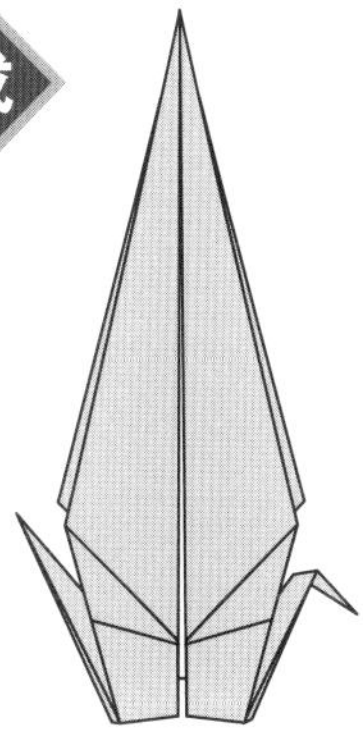

「凧形鶴」の折り手順

凧形とは、隣り合った２本の辺の長さが等しい組が２組ある四角形です。「凧揚げの凧の形」といえば、わかりやすいでしょうか。片方の羽が長く、もう片方の羽と首、尾が短い鶴になります。

1

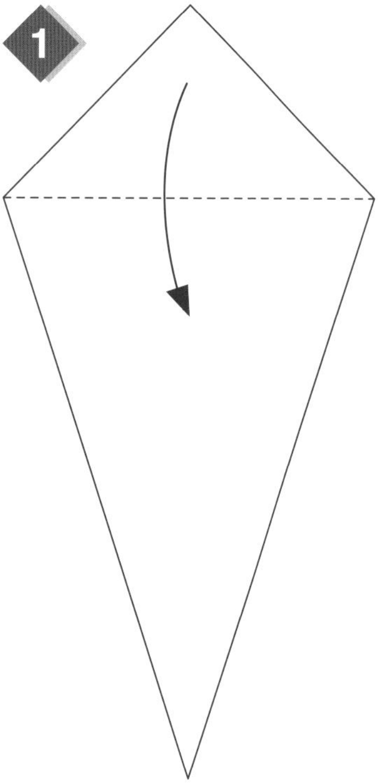

2

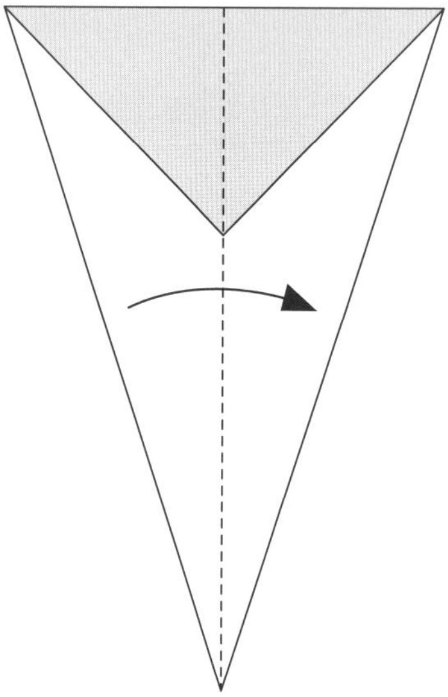

3 開いてつぶす。裏側も同様にする。

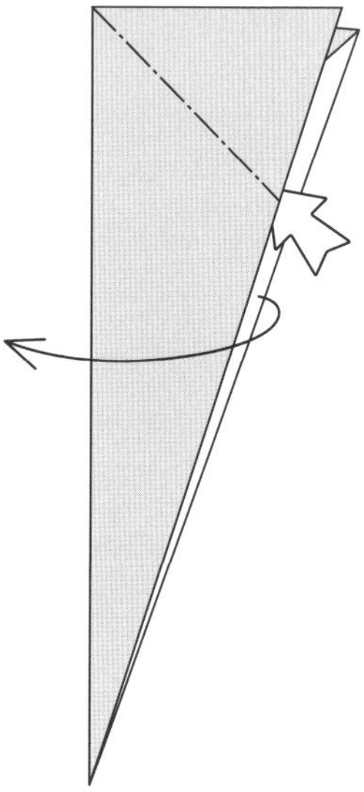

4

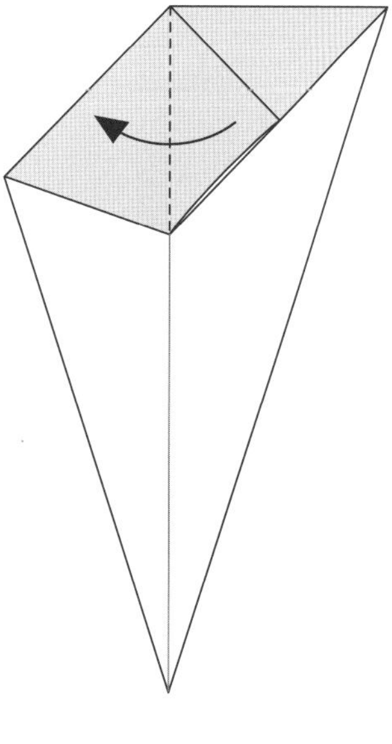

5 中に折り込む。

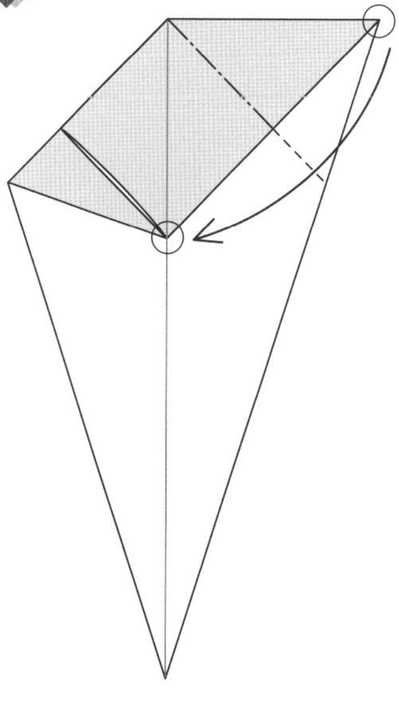

6

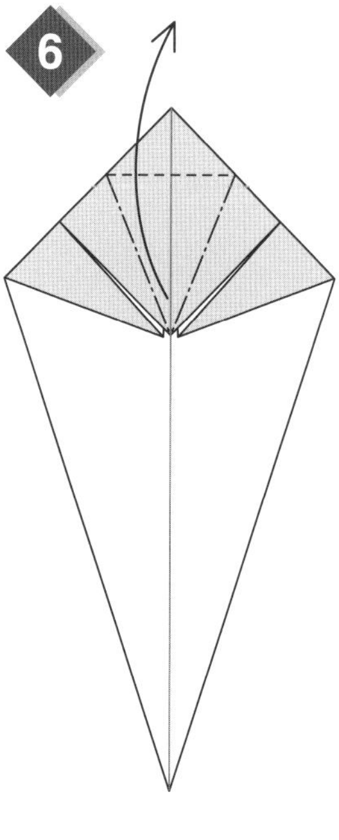

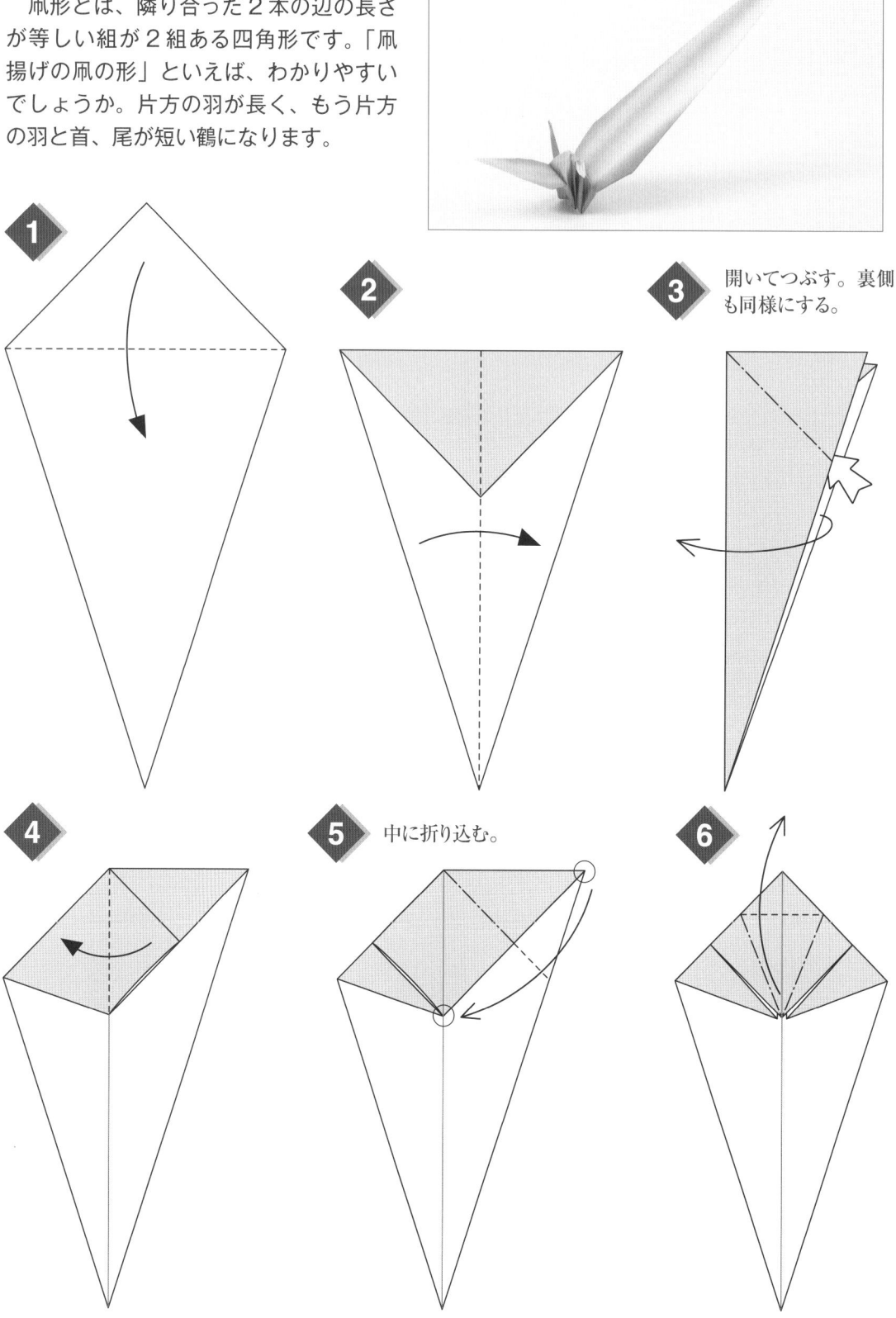

7

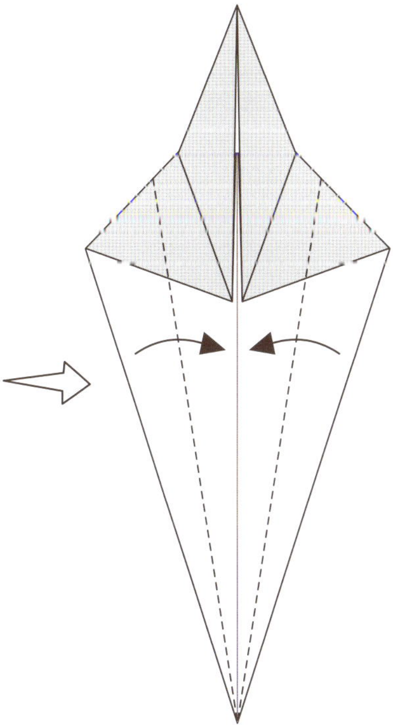

8

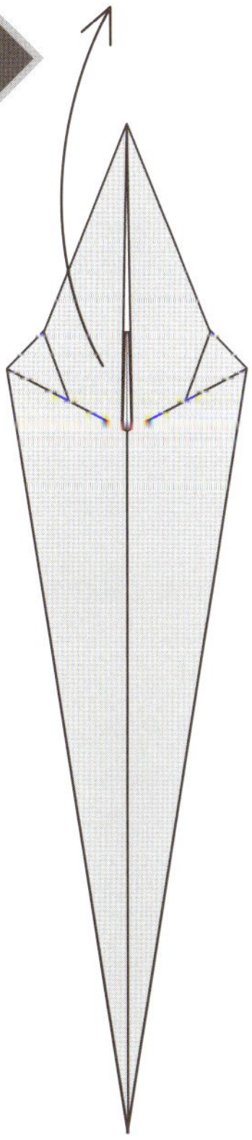

9

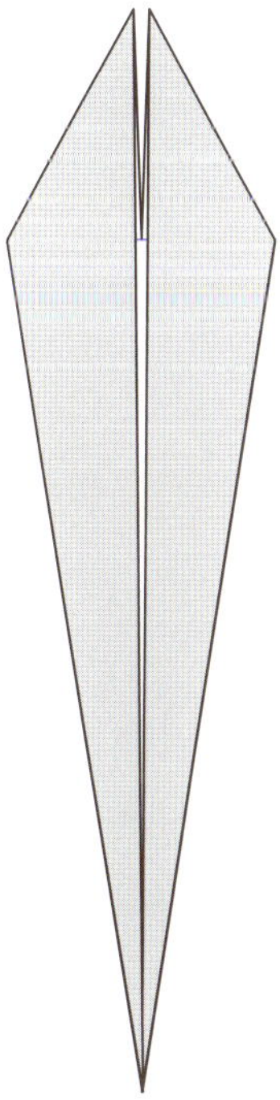

10

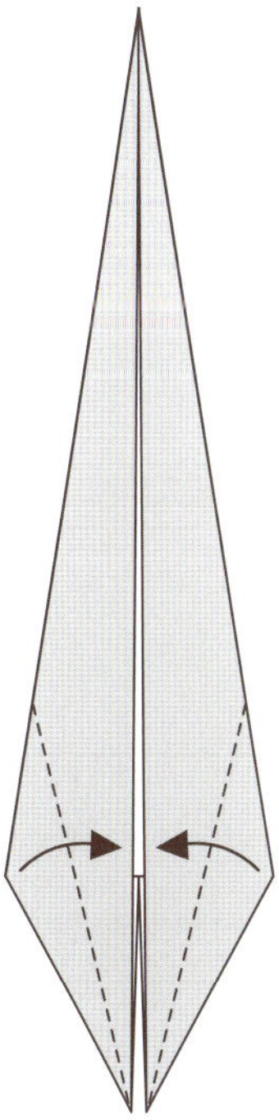

11

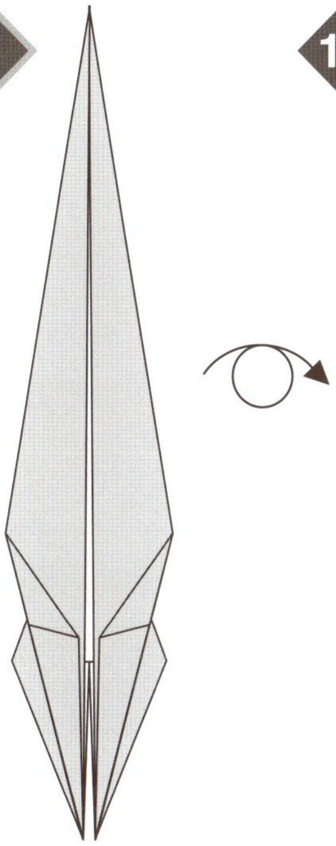

12

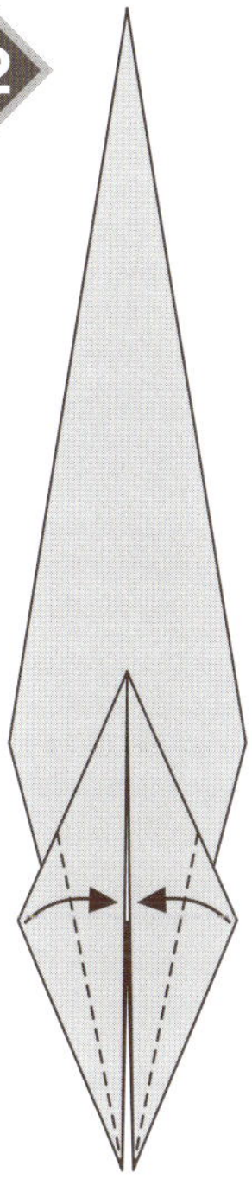

13

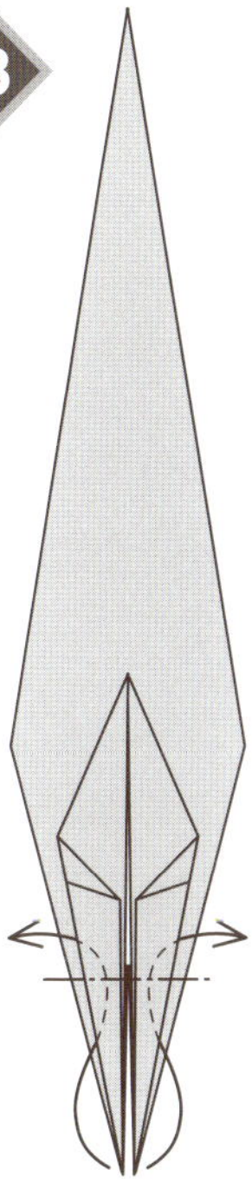

14

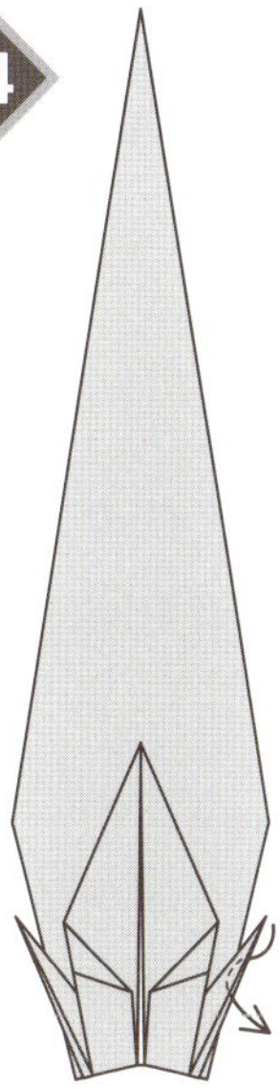

完成

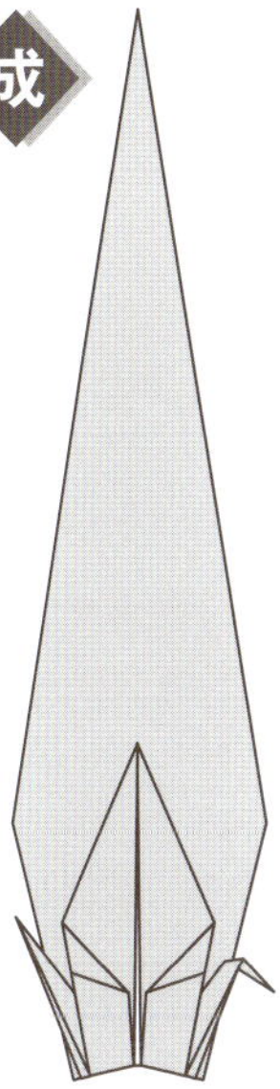

「三角鶴」の折り手順

三角形にもいろいろありますが、ここでは比較的簡単な直角二等辺三角形の用紙の折り方をご紹介します。二等辺三角形であれば、極端な形でない限り、この応用で折ることができます。

1

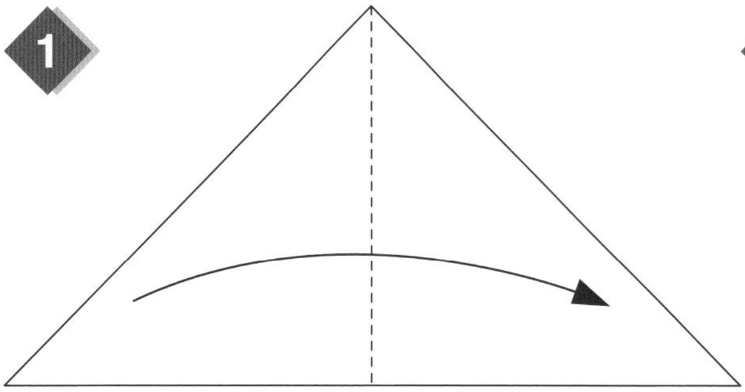

2

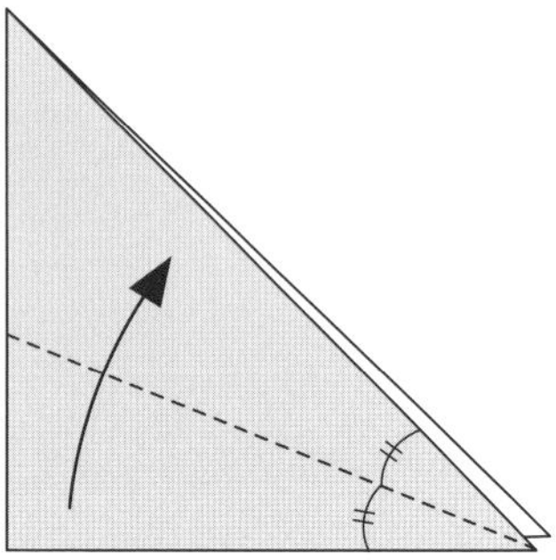

3 開いてつぶす。

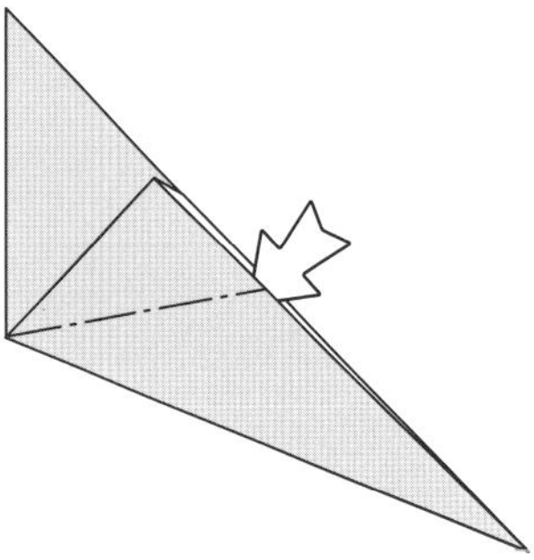

4

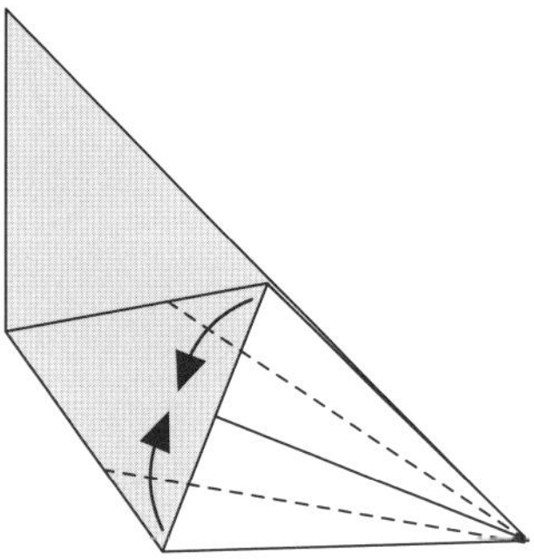

5 引き出す。

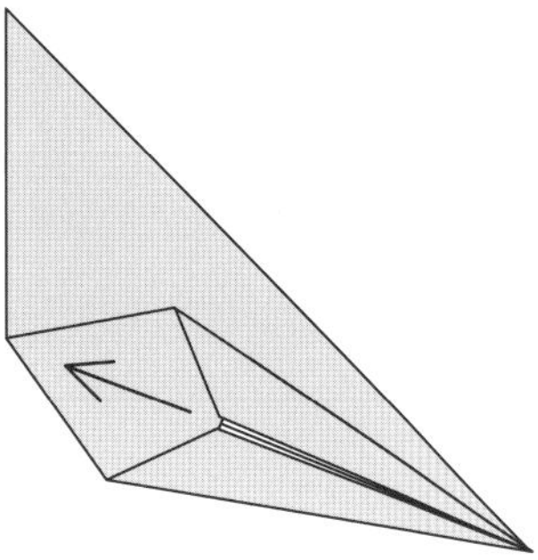

6

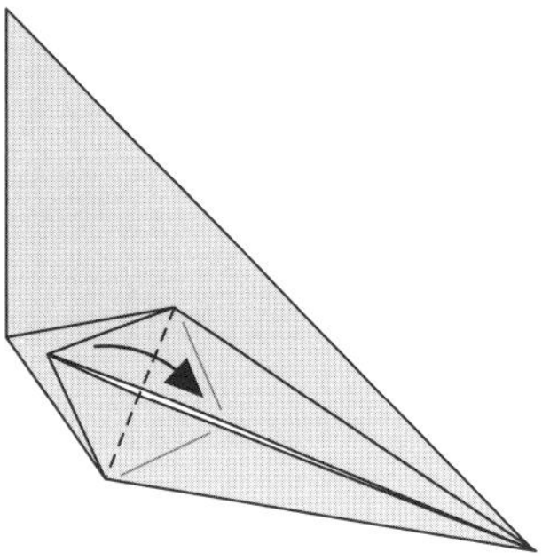

7

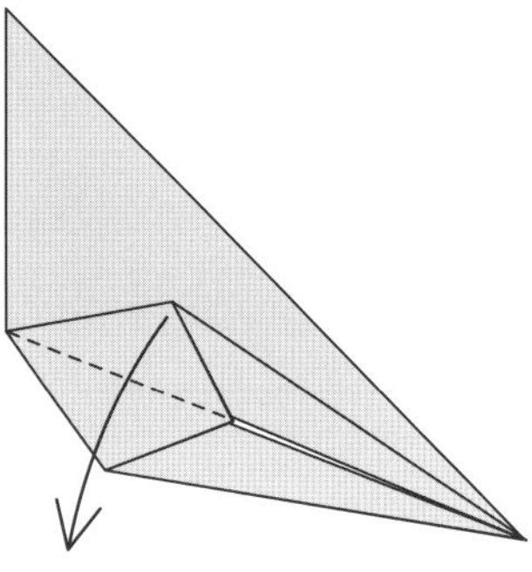

8 開いてつぶす。

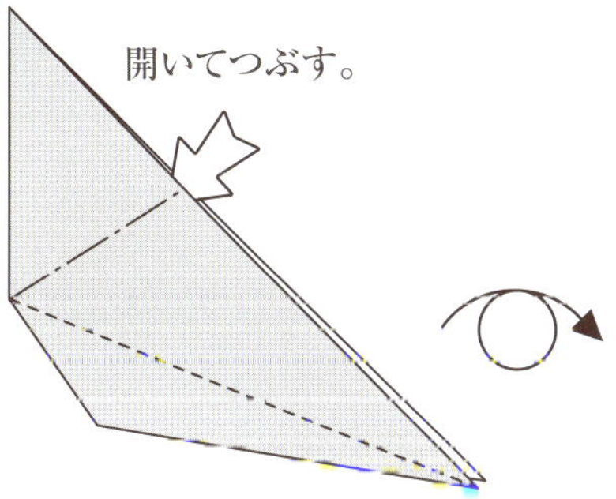

9

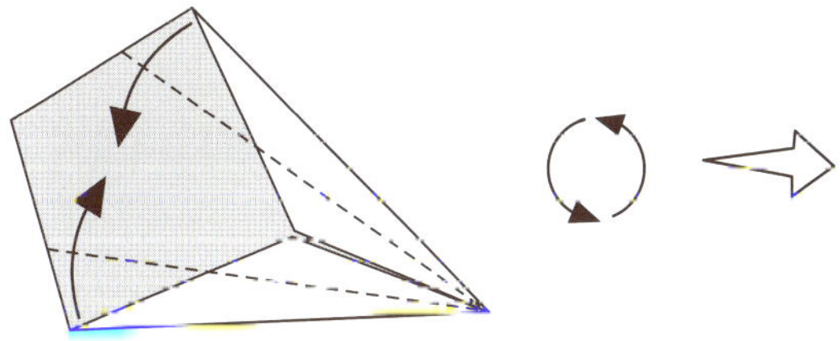

10 引き出す。

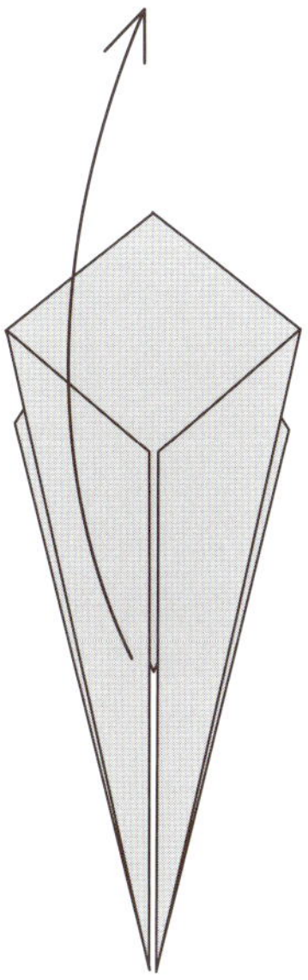

11

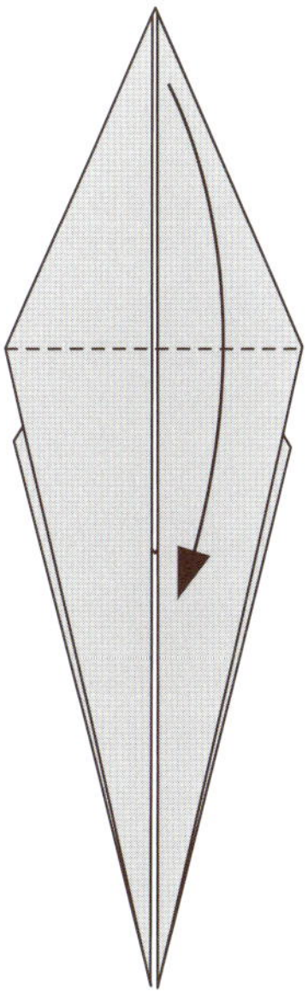

12

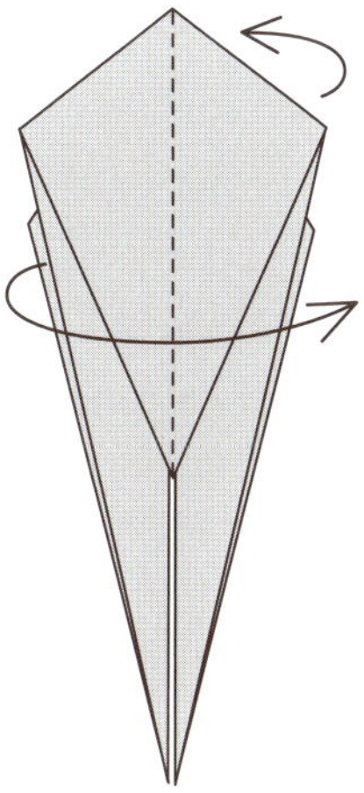

13 裏側も同様に折り上げる。

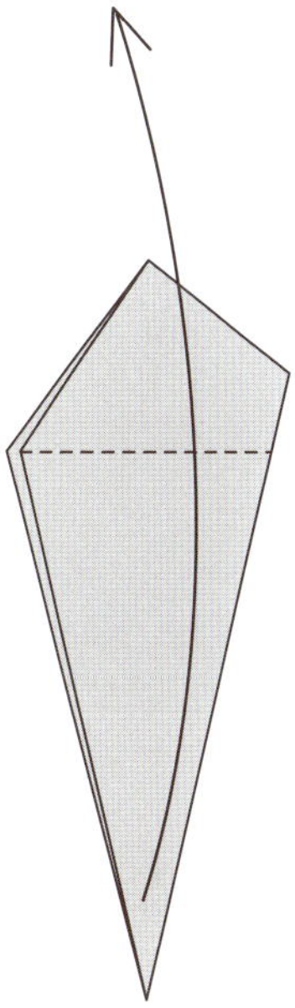

14 裏側も同様に折る。

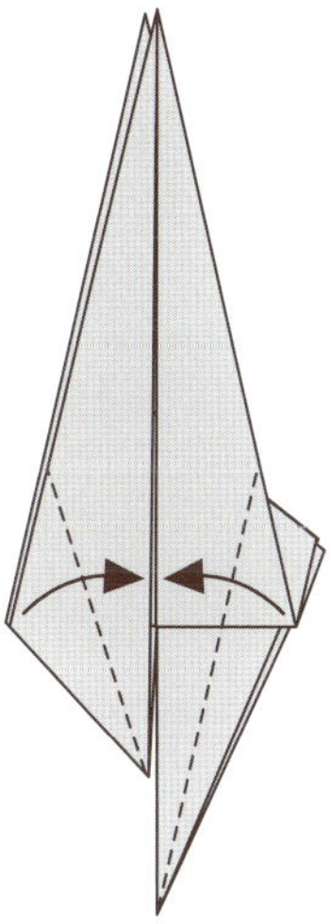

15

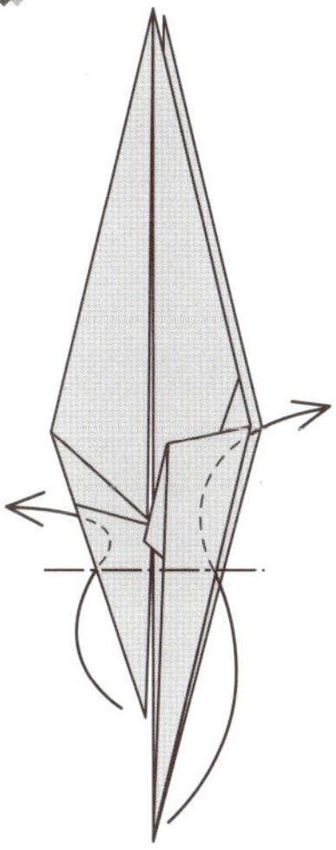

16

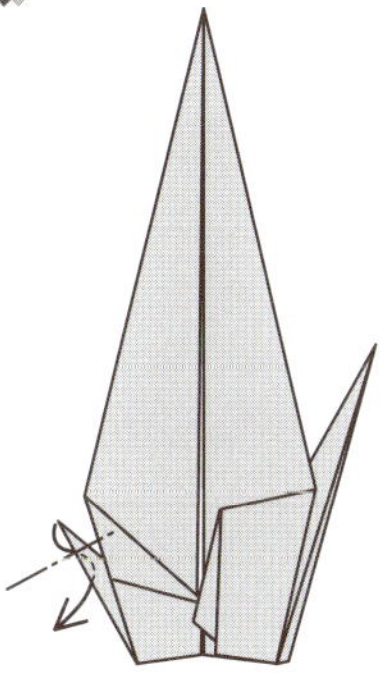

完成

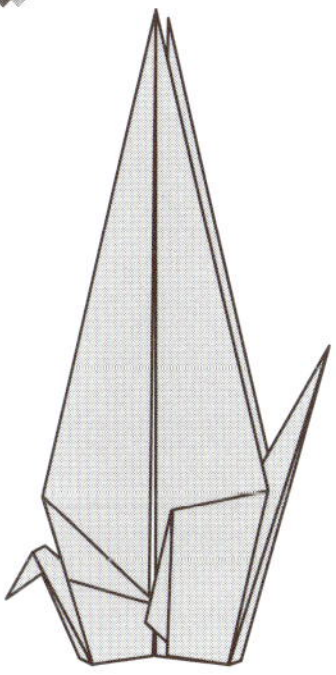

「やじり形鶴(凸)」の折り手順

用紙の形は凧形の一種ともいえますが、折り方が違います。凧形鶴では左右の羽の長さが違い、首と尾の長さは同じですが、この鶴は左右の羽の長さは同じで、首と尾の長さが違います。

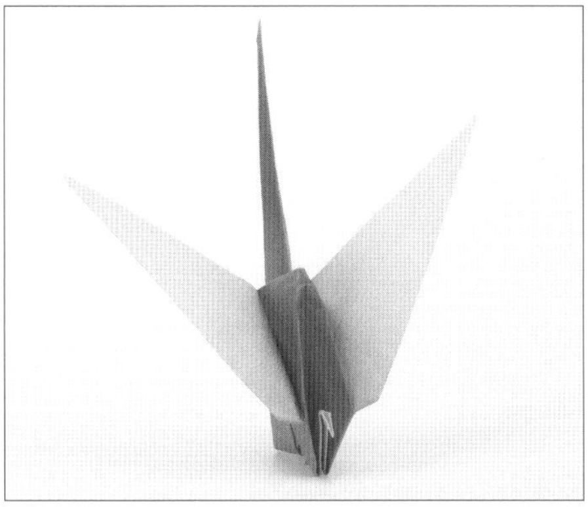

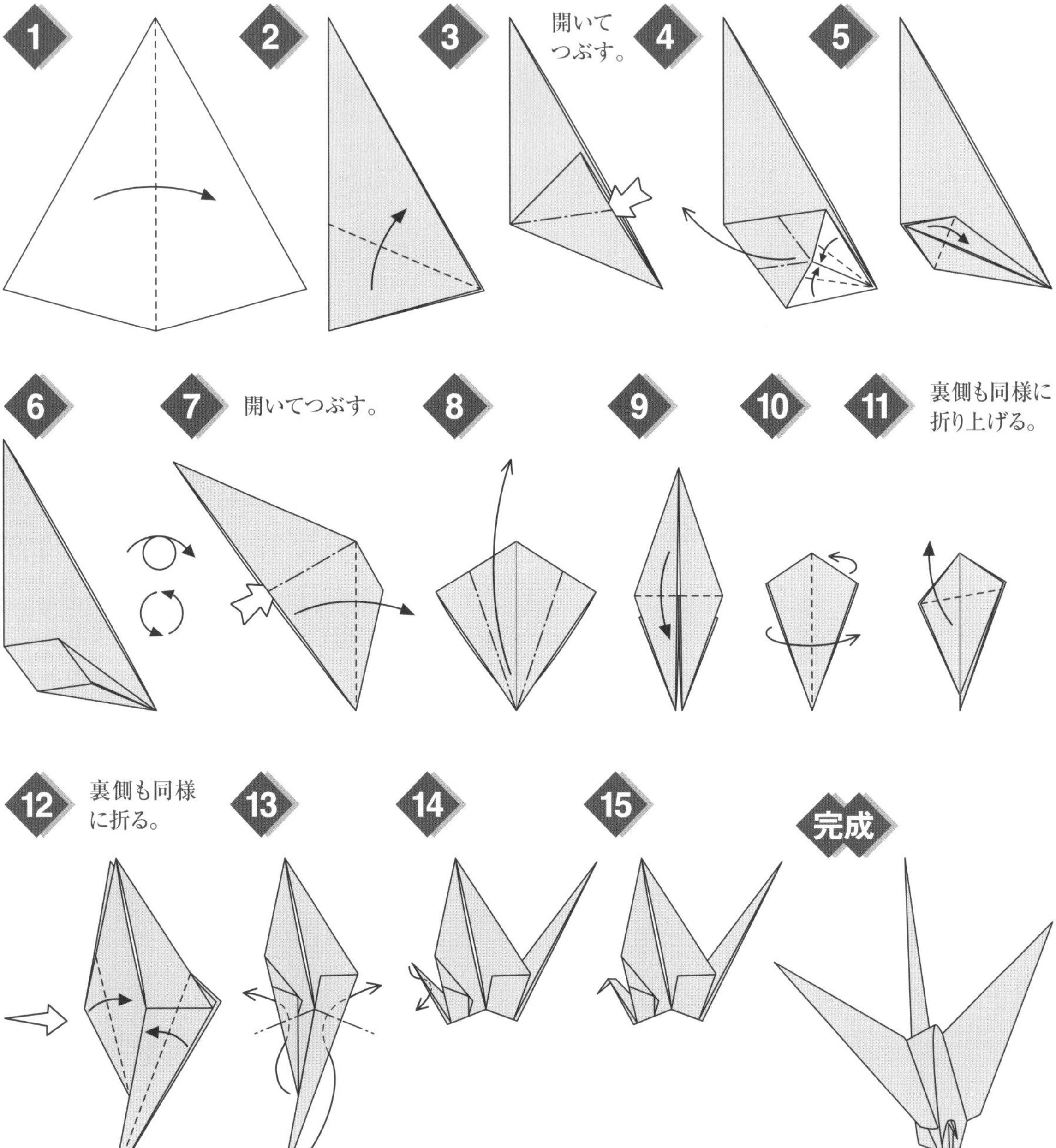

「やじり形鶴（凹）」の折り手順

折り方は凸タイプと同じですが、より羽が長く、三角鶴に似た形になります。

実は、やじり形鶴の折り手順は 82 頁で紹介した三角鶴の折り手順と全く同じです。用紙の形は違いますが、直角二等辺三角形で作る鶴の折り手順さえ覚えてしまえば、あとは同じ要領で折ることができます。

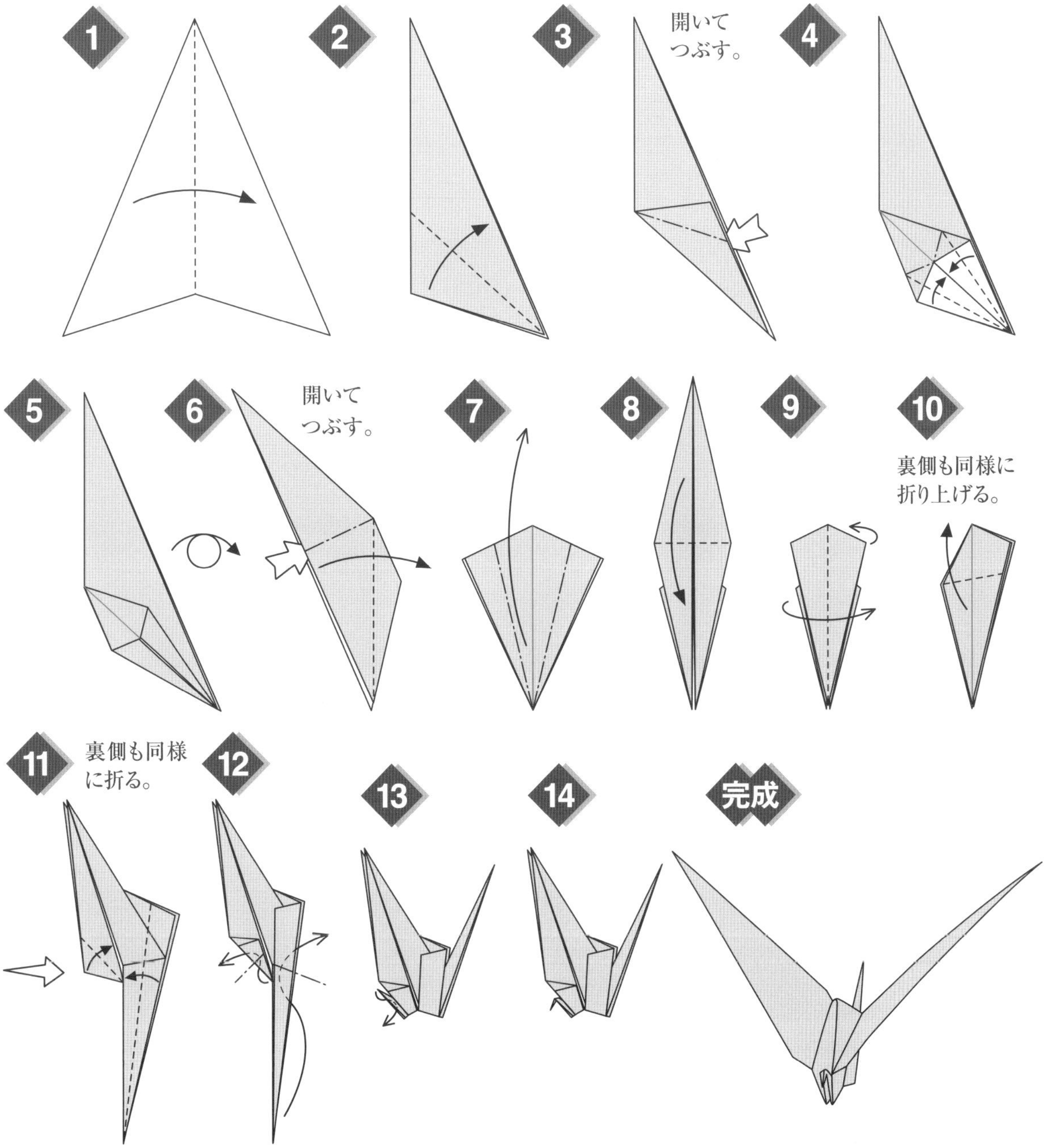

はやぶさタイプ

直角二等辺三角形から折る三角鶴の集合体です。長く鋭い羽と短い首が猛禽類を思わせることから名付けました。非常にシンプルな構造にもかかわらず、仕上がると期待以上の全く別の顔を見せてくれるのが魅力です。

真砂 2羽｜三角鶴

作品 P20

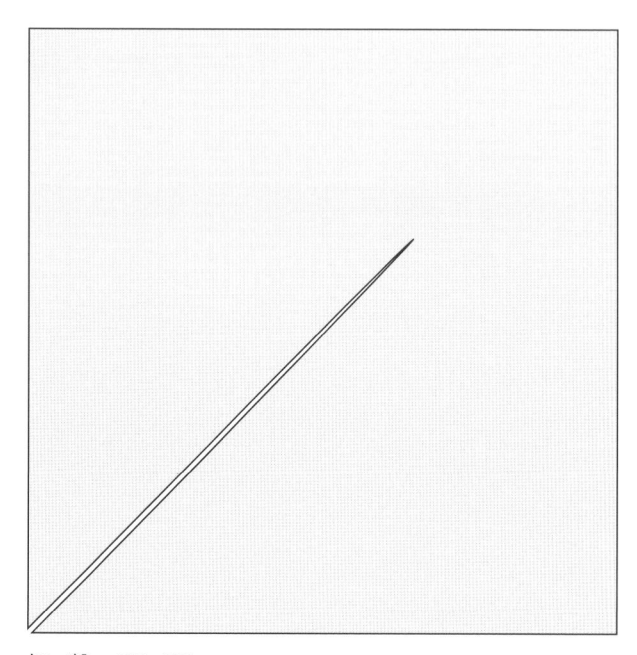

切：繋＝65：35

眉丈 びじょう｜2羽｜三角鶴

作品 P21

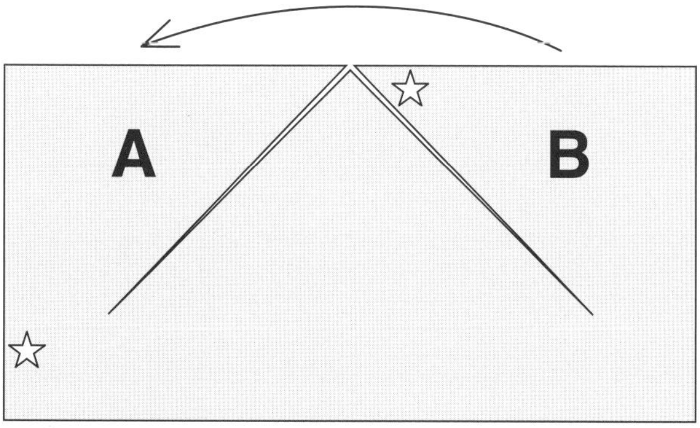

切：繋＝70：30
AとBを重ねて折る（☆が重なるように）。

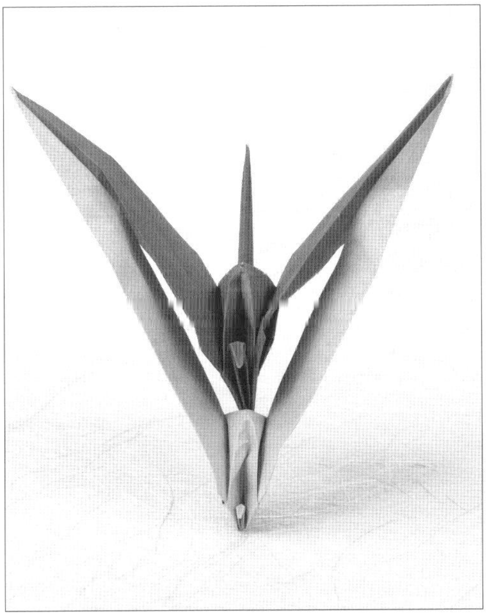

越渡 こえと｜2羽｜三角鶴／やじり形鶴

作品 P21

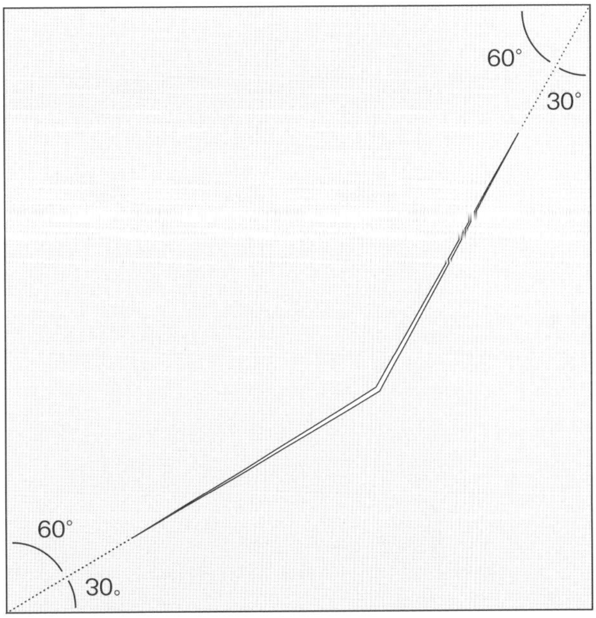

切：繋＝65：35

鎹 かすがい｜3羽｜三角鶴

作品 P22

切：繋＝70：30

恋路 こいじ｜2羽｜三角鶴　作品 P21

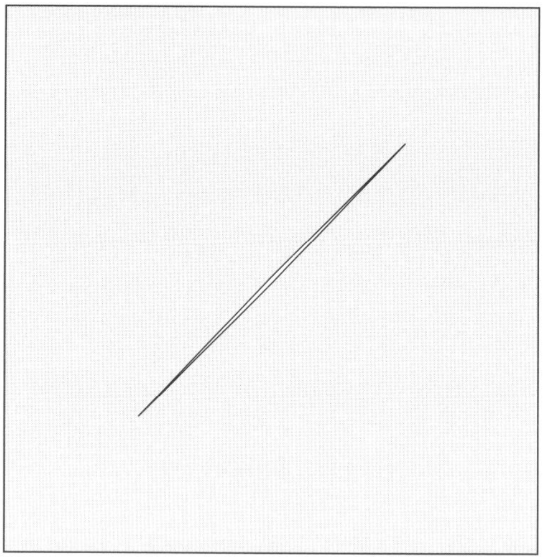

繋：切：繋＝25：50：25

折違 すじかい｜3羽｜三角鶴／やじり形鶴　作品 P21

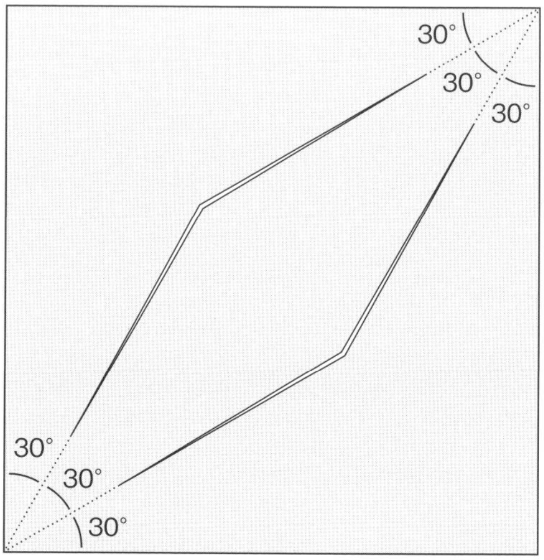

切：繋＝65：35

四方 4羽｜三角鶴　作品 P23

切：繋＝60：40

向日葵 ひまわり｜8羽｜三角鶴

作品 P22

縦横の線は切：繋＝50：50
斜めの線は切：繋＝65：35

日輪 にちりん｜8羽｜三角鶴

作品 P23

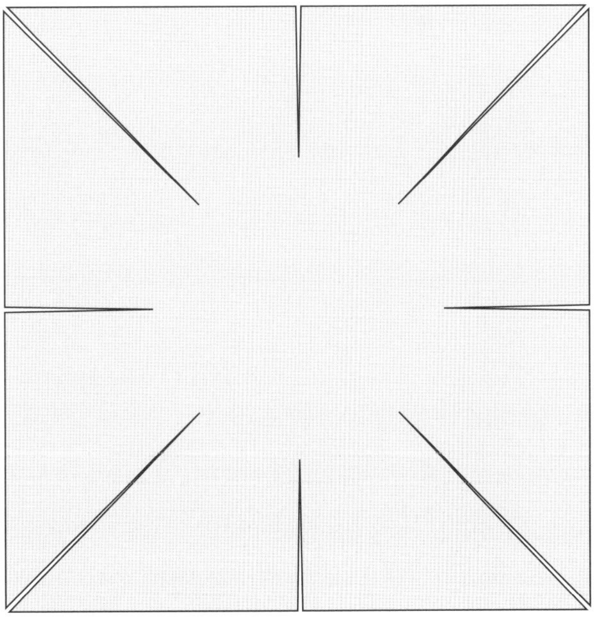

縦横の線は切：繋＝50：50
斜めの線は切：繋＝65：35

「はやぶさタイプ」の接結部分

折り図を見るとわかるように、「はやぶさタイプ」は基本的に直角二等辺三角形の紙で折る鶴の組み合わせから成り立っています（〈越渡〉や〈折違〉のように、一部その変形もありますが）。正方形の中に直角二等辺三角形だけの集合体を作るというと、皆さんはどんな図を思い浮かべますか？　たとえば、対角線を一本引くだけで三角形が二つ。対角線を二本にすると三角形が四つ。まだまだいくらでも思いつきそうです。それが全部連鶴になるとしたら、どうでしょう？

面白いのは、この手のシンプルな連鶴は、至極単純な折り図にもかかわらず、仕上がると期待以上の全く別の顔を見せてくれることです。接結の割合を変えたり、裏折りを組み合わせたりすると、これがまた別物になります。三角鶴が簡単に作れるようになると、作品づくりの幅がぐっと広がります。

連鶴には、わずかな接結部分だけでつながっている場合は全体的に広がって平たくなり、接結部分を多くすると、寄り集まって立体的な形になるという特徴があります。接結の割合を変えるだけで、別の顔を見せてくれるわけです。

普通に考えれば、接結の割合が多いと破れにくくなり、安心して作業ができそうですが、実際には接結部分が大きくなるほどに、折りづらくなります。くっついている隣の鶴が邪魔になるからです。羽数が増えればなおさらです。それに接結の割合には自ずと限界があり、それを超えてしまっては折ることもできません。

本書では折り図に接結部分の比率を記載していますが、特に「はやぶさタイプ」の場合、作品を立体的にするとともに、接結部分自体も作品にしたいという意図のもとに、その比率を決めています。シャープな長めの羽根を持つ三角鶴には、伝承鶴とはまた違う独特な面白さがありますので、あえて中途半端につなげることにより、接結部分自体が、作品の一部にもなるからです。

たとえば、羽と羽とをつなげた時、接結部分が多くなれば当然、通常はあまり見えない羽の裏側も見えるようになります。中途半端に折り合わさっているため表と裏の境目が否応なしにさらけ出されるわけです。あまり見かけることのないつながりですが、見方を変えればなかなか「さま」になっています。特にリバーシブルの紙で裏表に折った場合のつながり部分は、二色が入り交じって面白い効果を上げています。接結部分も造形のうちであり、作品の一部というわけです。

本文中の接結部分の比率はあくまでも私が作る時の目安ですから、アレンジは、ご自由にどうぞ。ただし、立体的になるからといって、むやみに接結幅を広くすれば折りづらくなるだけですから、ご注意下さい。

三角鶴いろいろ

●三角鶴の構造

四角形の紙で折る普通の折り鶴は、用紙の四つのカドが、それぞれ頭と尾、二枚の羽先になっています。そこから考えると、カドが三つしかない三角形の紙から、どうすれば鶴を折り出すことができるのか、誰しも不思議に思うのではないでしょうか。私もそうでした。三角鶴の場合、構造上ちょっとしたトリックがあり、底辺の中心を折り曲げて、もう一つカドを作っているのです。そして通常は、この部分を頭に、頂角を尾に、残りの二つのカドを羽先にしています。

正三角形のように頂角が鋭角の三角形では、その「頭と尾」は長くなり、鈍角の鶴では短くなります。普通の折り鶴に比べて首が短くなるのは、構造上致し方ありません。

●尾の中割り折りについて

頂角が鈍角の三角鶴や、やじり形鶴は、羽を押さえる部分である頭と尾が小さいため羽がはずれやすく、特に慎重に作る必要があります。三角鶴の頂角で作る長い方の尾を中割り折りにして折り上げる時に、尾を両側から軽く挟みながら（半強制的に）真ん中に寄せるように手助けすると、両側の中割り折りが中央で合いやすくなります。もともと三角鶴のこの部分は、重なりが多くなるため、中割り折りは開き気味になりがちです。その状態のまま折り上げると、どことなく緩んだ仕上がりになりますから、できるだけ（無理矢理にでも）中割り折りをしっかり閉じてから折り上げるようにしたいものです。それによって折りが深くなり、その結果、構造もしっかりします。

●羽の開き方

三角鶴は、伝承鶴に比べて羽根を押さえる部分が小さいので、羽を開く際に広げすぎると、はずれてしまう恐れがあります。そうならないためには、押さえの部分をなるべくしっかりと折ること、また、羽を広げる時は慎重にし、必要以上に開かないよう心がけましょう。

逆に、押さえる部分が少ないのなら、羽は無理に合わせずそのままにしておく方法もあります。羽の押さえとなる中心部分は普通に折り、羽先にいくにつれて合わせを少なくして、一枚の紙にします。もしくは、羽は全く折り合わせず開いたままにしておくというやり方です。頂角が鈍角の三角鶴のように、羽が細長いためうまく折り合わすことが難しい鶴には、かえって向いている方法だといえるでしょう。あえて丁寧に折り合わす必要もありません。文字通り頭と尾が要となり、両側に伸びた羽先は開いて、いかにも飛んでいるかのような姿になります。

その他の飾り鶴

直角二等辺三角形をベースにしている「はやぶさタイプ」に対して、いろいろな形の三角鶴や菱形鶴、凧形鶴、伝承鶴等を組み合わせた連鶴の中でも特に立体的な形のものを総称して「飾り鶴」と呼んでいます。作品によっては、平らに置いたり、中央部を吊って下げたりと、ディスプレイの仕方で見え方が大きく変わるのも面白いところです。

ワンポイント 鶴を折る順番

「どの鶴から折り始めればよいか?」ということは、連鶴を折り慣れていない方にとっては特に大きな疑問だと思います。

基本的に、中心がわかりやすく、鶴が輪を作るようにしてつながっている作品は、中央部分の鶴から折り始めると作業がしやすくなります。そうでない場合も、やはりなるべく内側の鶴から折っていきましょう。また、鶴に大小があるなら、面積の大きい鶴から折り始めるとよいでしょう。

たとえば、94 頁の〈雲津〉は下の大きい三角形から、97 頁の〈鶴籠〉は角部分の凧形鶴から始めると、折りやすいはずです。

直下

そそり | 8 羽 | 三角鶴／伝承鶴

作品 P24

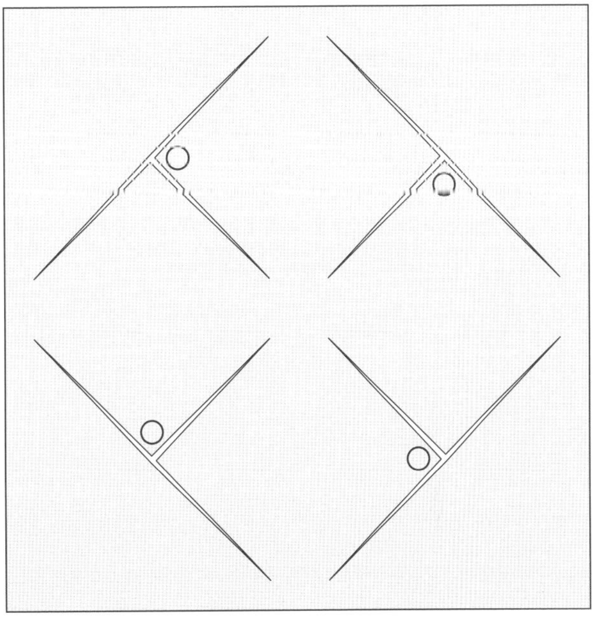

塔尾 とのお｜8羽｜三角鶴／伝承鶴

作品 P25

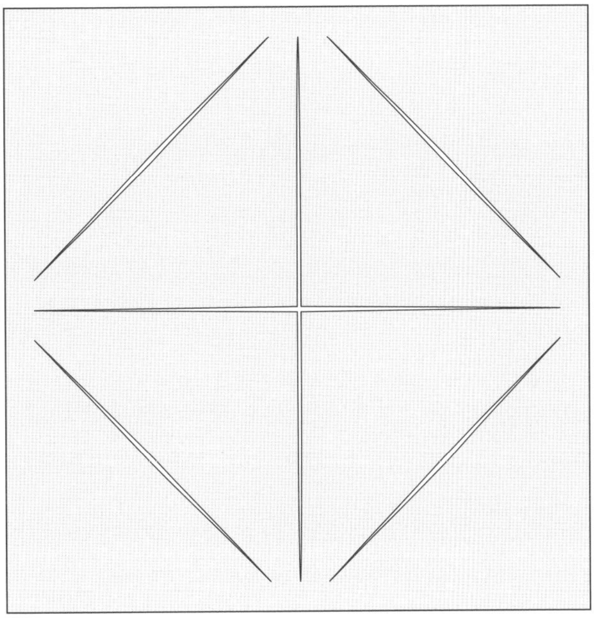

月橋 つきはし｜8羽｜三角鶴

作品 P25

雲津 もづ | 7羽 | 三角鶴

作品 P26

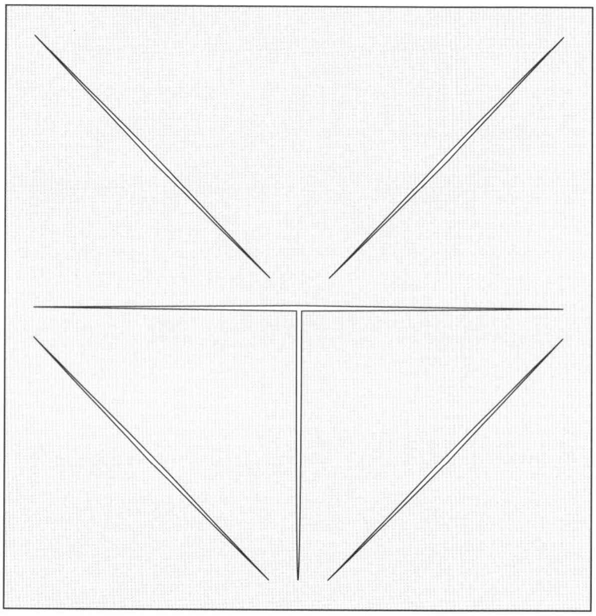

リバーシブル紙使用

北帰行 ほっきこう | 8羽 | 三角鶴

作品 P26

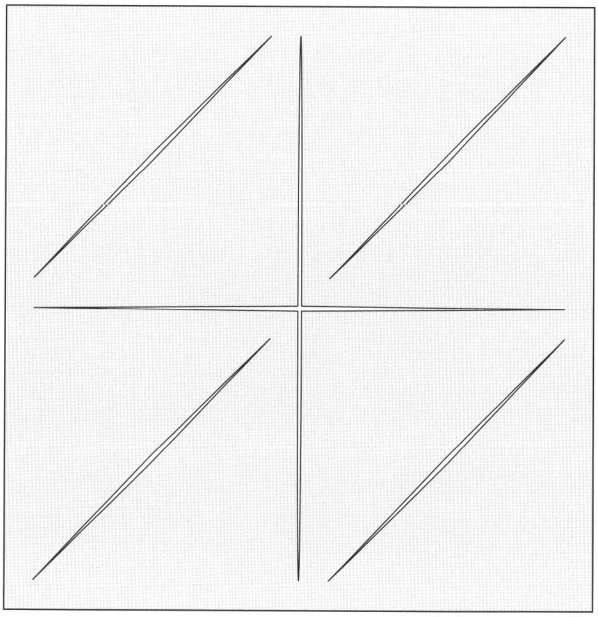

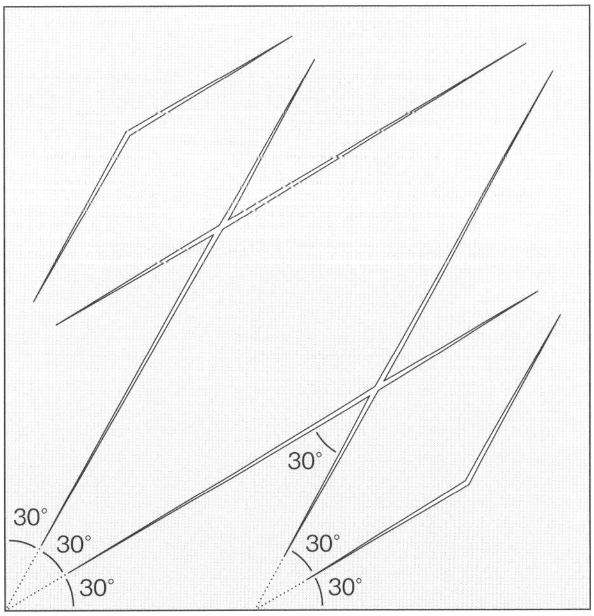

吊り鶴 つりづる｜9羽｜三角鶴／菱形鶴／やじり形鶴

作品 P27

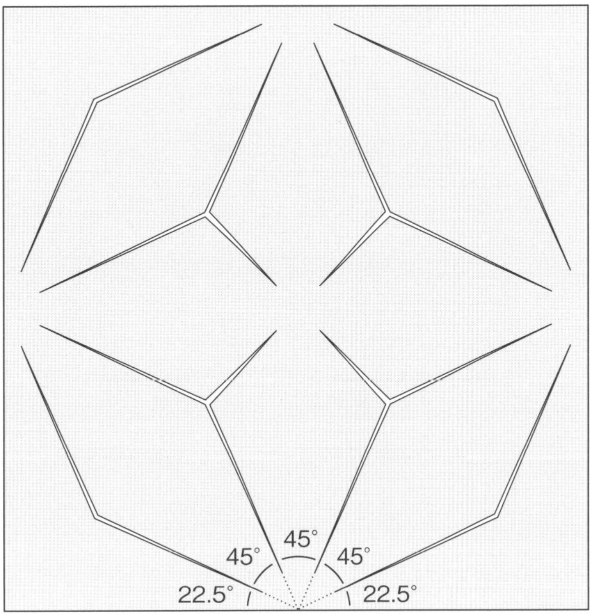

藤葛

ふじかずら｜12羽｜菱形鶴／凧形鶴／やじり形鶴

作品 P28

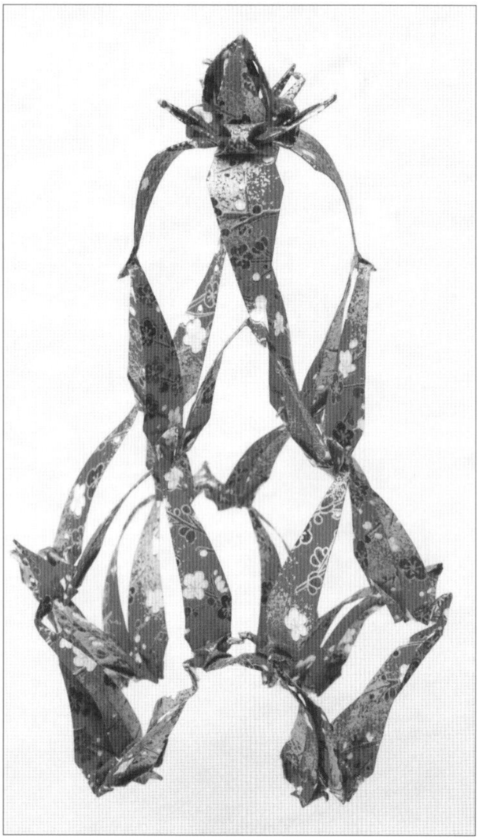

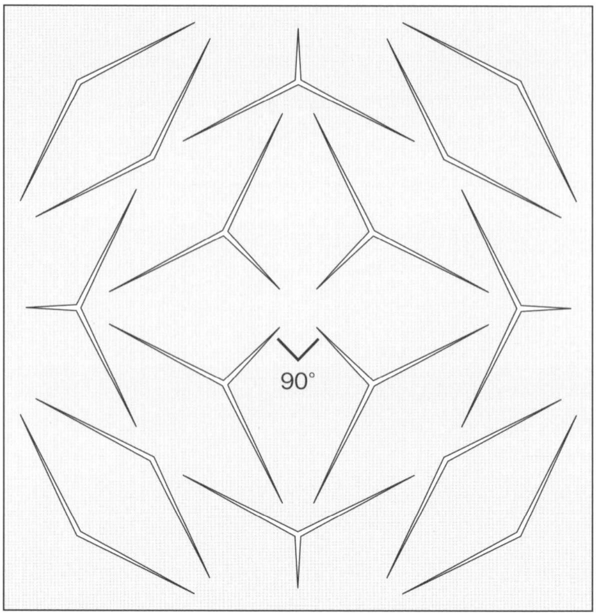

枝垂れ鶴—悠

24羽｜菱形鶴／凧形鶴／やじり形鶴

作品 P29

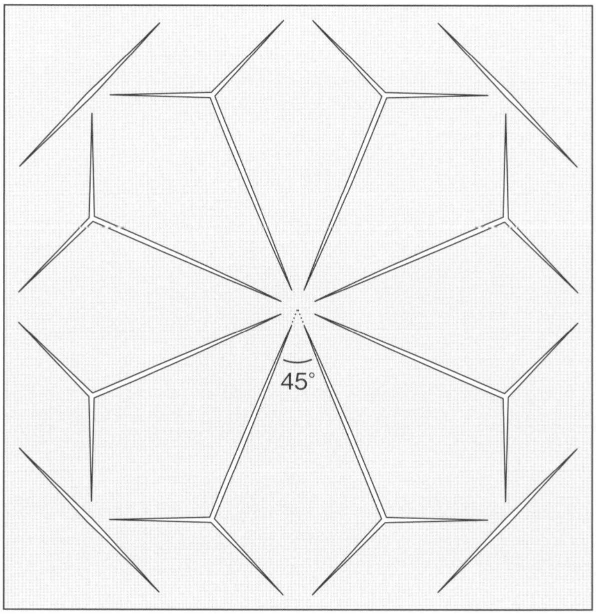

枝垂れ鶴—遊

20羽｜三角鶴／菱形鶴／凧形鶴

作品 P30

天坂 てんざか｜16 羽｜伝承鶴／菱形鶴／三角鶴

作品 P31

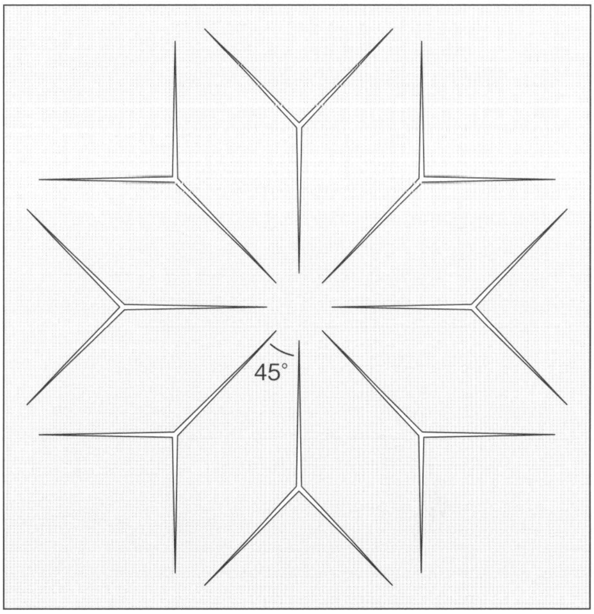

鶴籠 つるかご｜16 羽｜三角鶴／凧形鶴

作品 P31

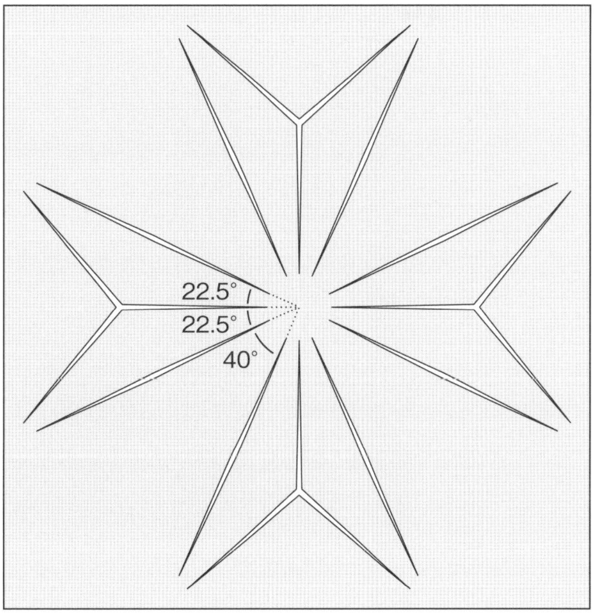

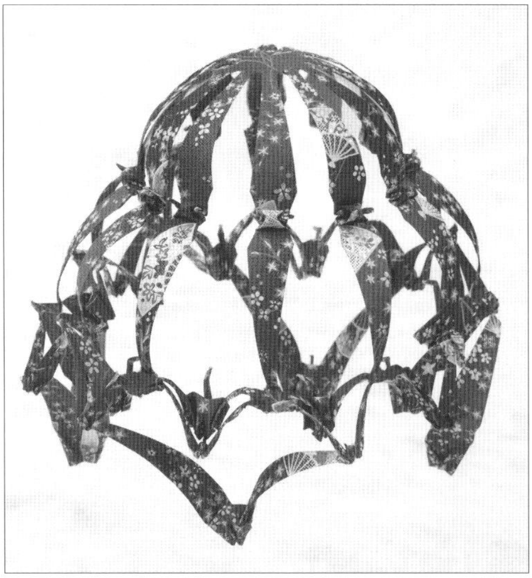

枝垂れ鶴―楽

40羽 ｜ 菱形鶴／やじり形鶴

作品 P32

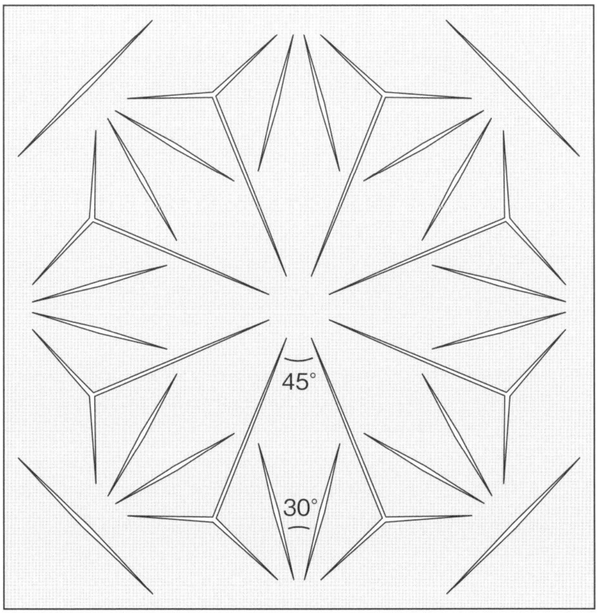

八峰

やつみね ｜ 36羽 ｜ 三角鶴／菱形鶴／凧形鶴

作品 P33

飾り鶴いろいろ

●飾り鶴の面白さ

本書では、いろいろな形の三角鶴や凧鶴、菱形鶴、伝承鶴等で構成された連鶴の中でも、特に形が立体的なものを大雑把に「飾り鶴」と呼んで区分しています。これらは1羽の鶴の用紙の形や大きさだけでなく、それぞれの鶴の折り縮みが異なるため、作品によっては、仕上がった時に、いろいろな顔を見せてくれます。

たとえば、30頁の〈枝垂れ鶴—遊〉。上の写真では一番外側の鶴の部分で全体を立たせていますが、下の写真ではこの部分を中に折り込んで寝かせています。この作品や33頁の〈八峰〉は、中央の部分に糸を通して吊り下げるとまた表情が変わります。飾り形によって、同じ作品とは思えないほど大きく姿を変えるのも、飾り鶴ならではの魅力です。

●幾何学模様が「折り図」に

飾り鶴の折り図を見ると、基本的に二等辺三角形、やじり形、菱形、凧形、正方形だけで構成された、ごく単純な「幾何学模様」だということに気づかれると思います。つまり、三角鶴、菱形鶴、凧形鶴が折れるなら、身の回りにある簡単な幾何学模様の多くが、そのまま連鶴の「折り図」として見ることができます。街中のいろんな柄や模様が折り鶴の展開図に見えてくるのは、私だけでしょうか。

新しい作品を考える際、織物組織や家紋、焼き物の柄、ことに編み物のモチーフの柄や「編み込み模様」が大いに参考になります。皆さんも書店に立ち寄った時は、ついでに編み物の本もチェックしてみてはいかがでしょうか?　大概折り紙本の近くにありますので。

●飾り鶴の折り図

幾何学模様の折り図は、一見すると描くのが難しそうに見えますが、実際に線を結んでいくと意外に簡単に描くことができます。一例として、前述の「枝垂れ鶴—遊」の折り図完成までの途中の図をご紹介します。だいたいの手順が、おわかりになるでしょうか?

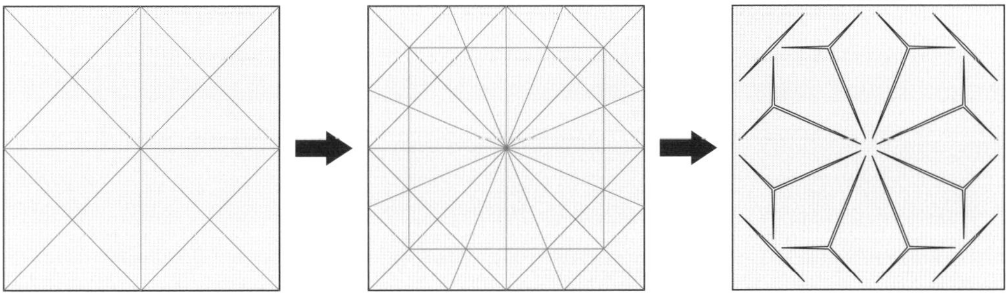

④「棒鶴」を基本に

長方形の紙を使って折る変形鶴です。中央部に角を作り出して頭と尾にしています。リボンのように細長い紙を使ってどんどんつなげていったり、リング状にしても面白いですね。

「棒鶴（ストレート）」の折り手順

長方形の短辺を、そのまま羽の両端にしたシンプルな形です。用紙の縦横の長さの比率は１：２以上。

1

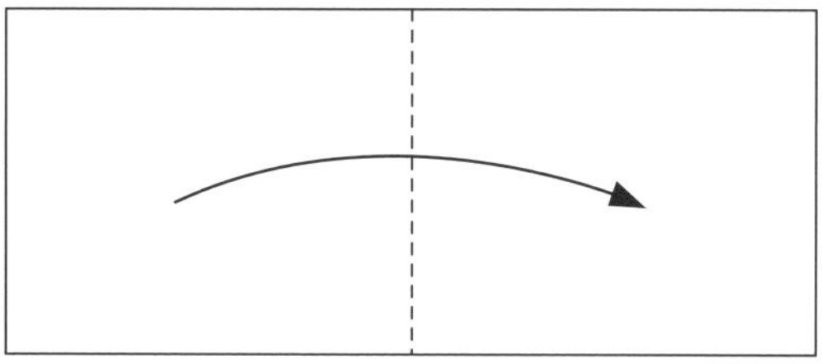

2

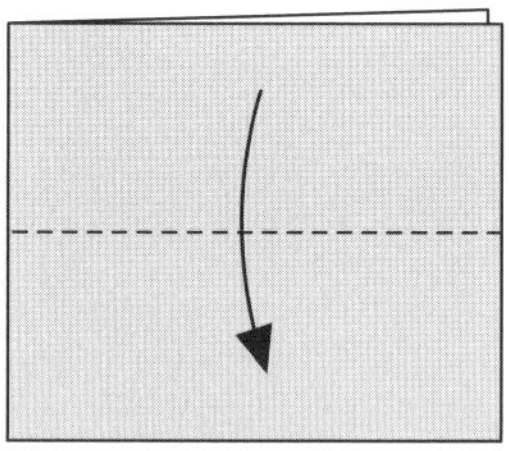

3

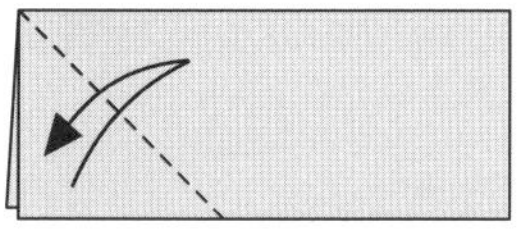

4 開いてつぶす。裏側も同様にする。

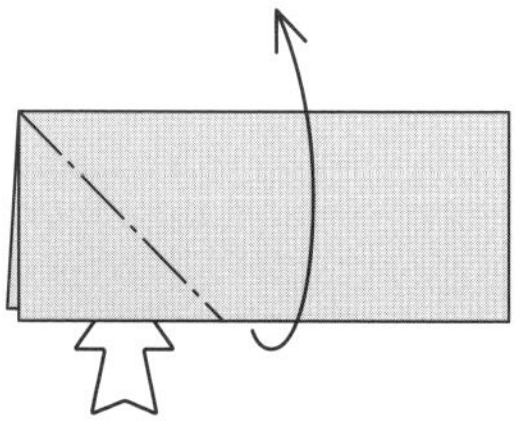

5 5 ～ 7 は全て裏側も同様に折る。

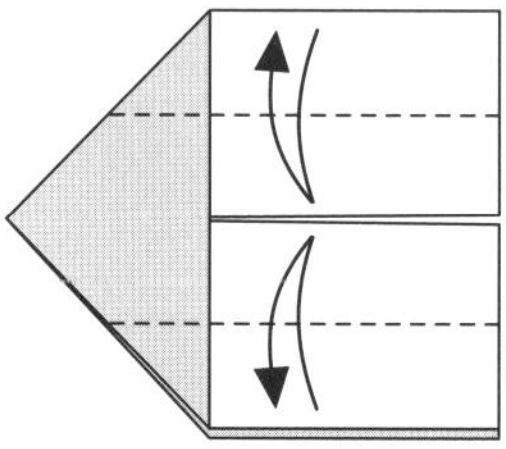

6

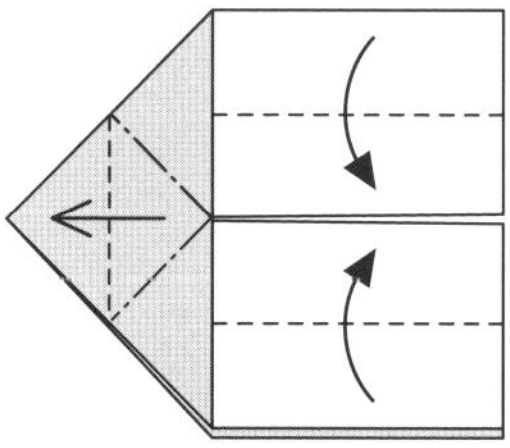

7

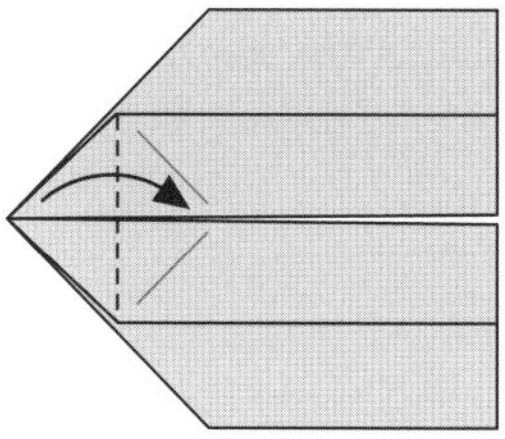

8

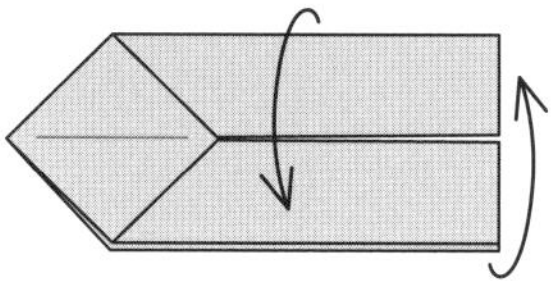

9

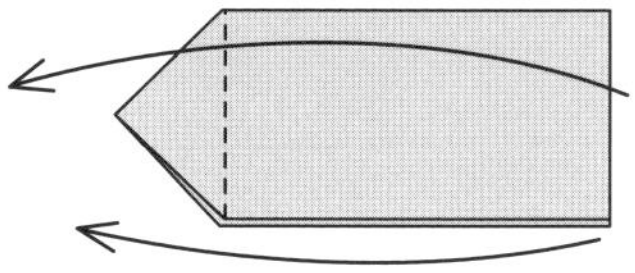

10 裏側も同様に折る。

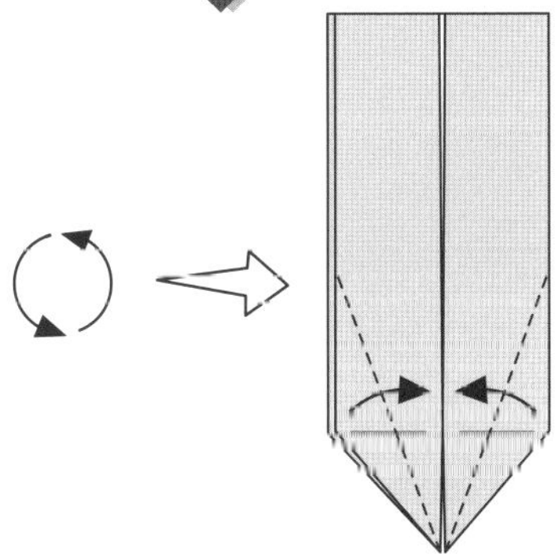

11

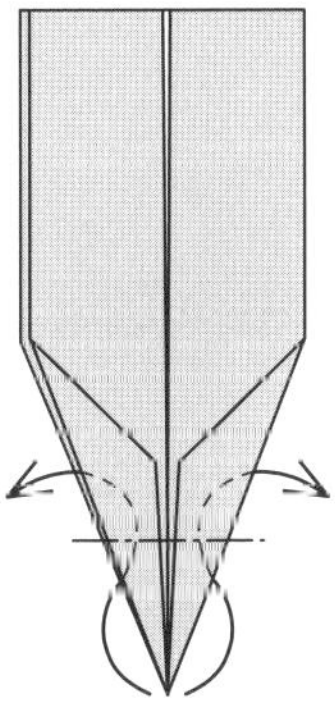

12 羽を開く。

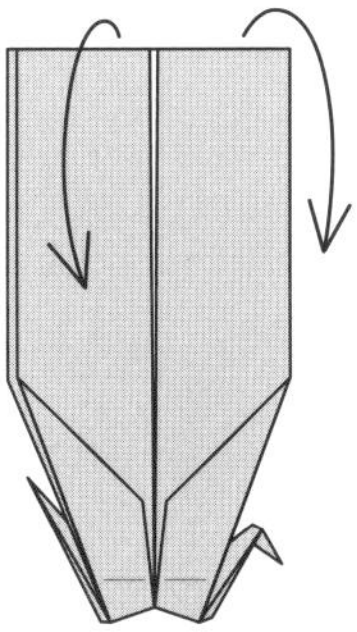

完成

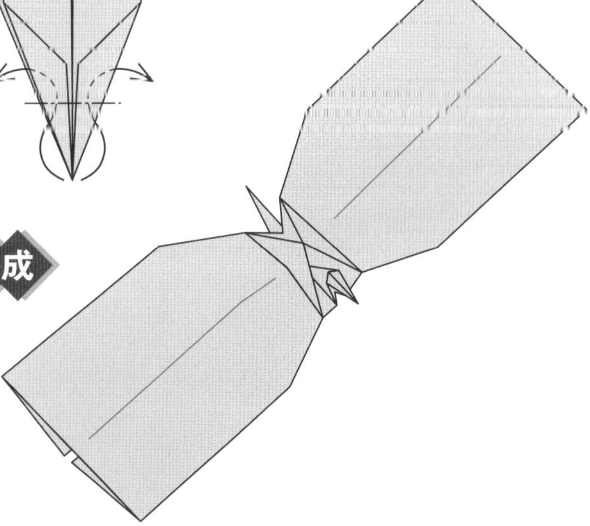

「棒鶴（リボン）」の折り手順

羽の先をとがらせた形。中央の鶴の折り方はストレートタイプと同じです。用紙の縦横の長さの比率は１：２以上。

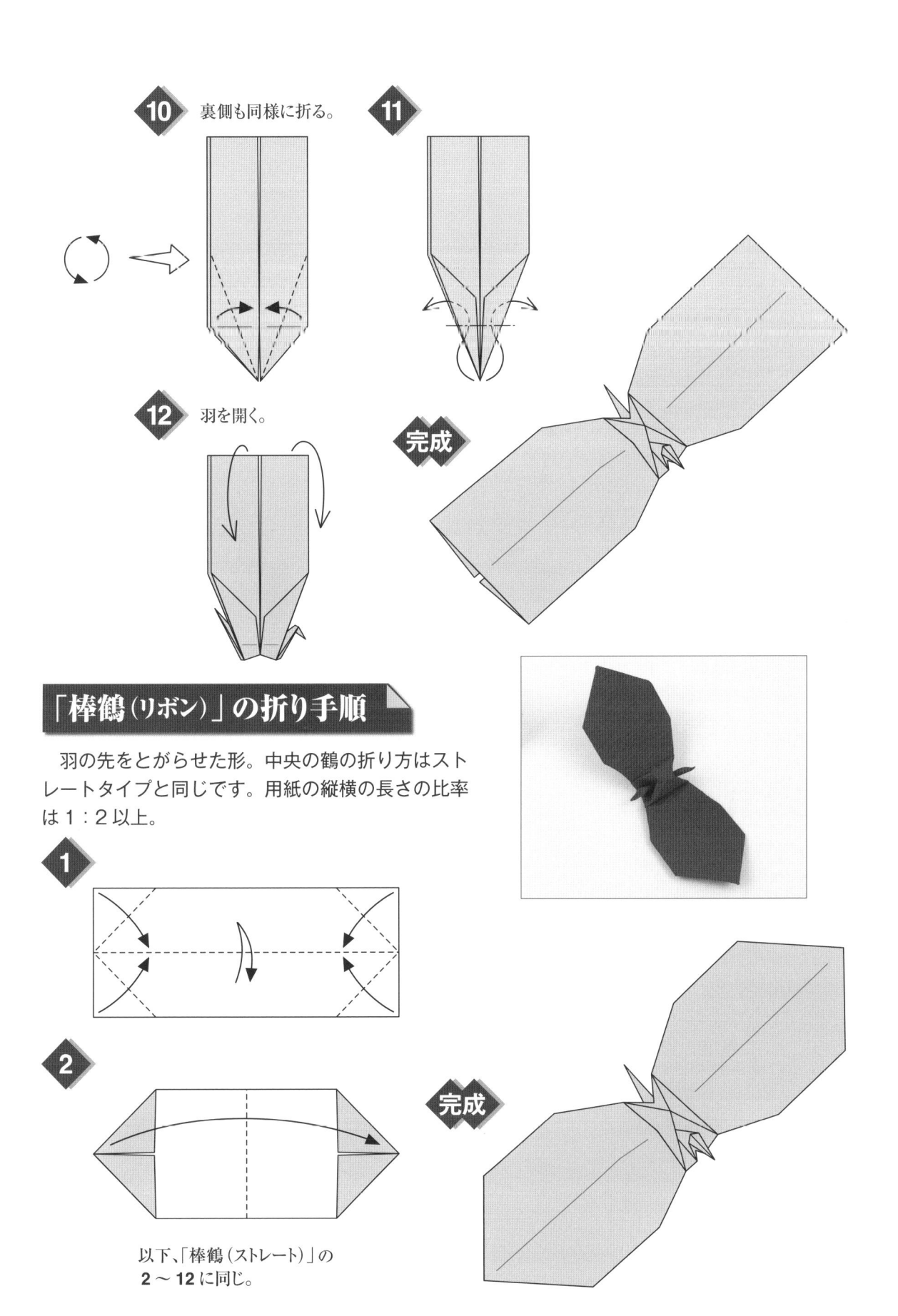

1

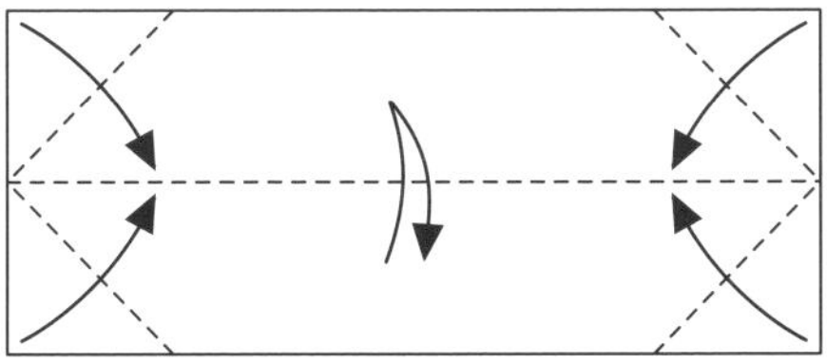

2

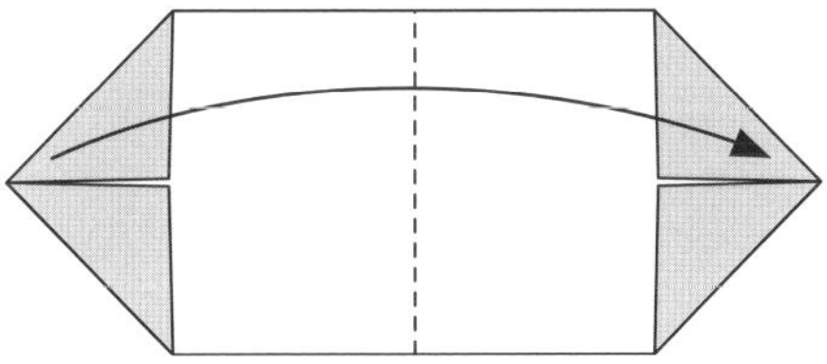

以下、「棒鶴（ストレート）」の
2～**12** に同じ。

完成

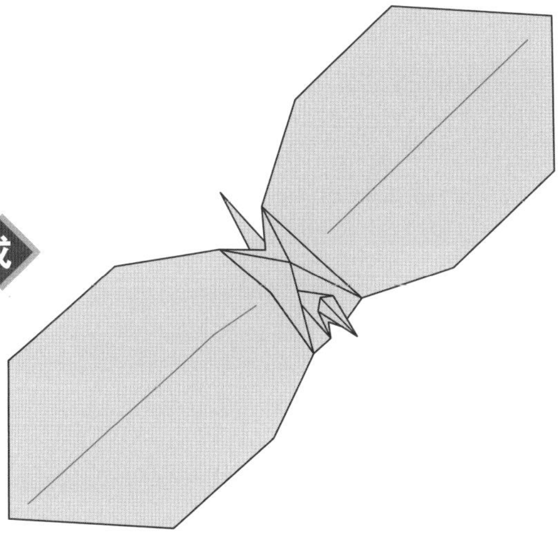

「棒鶴（スタンド）」の折り手順

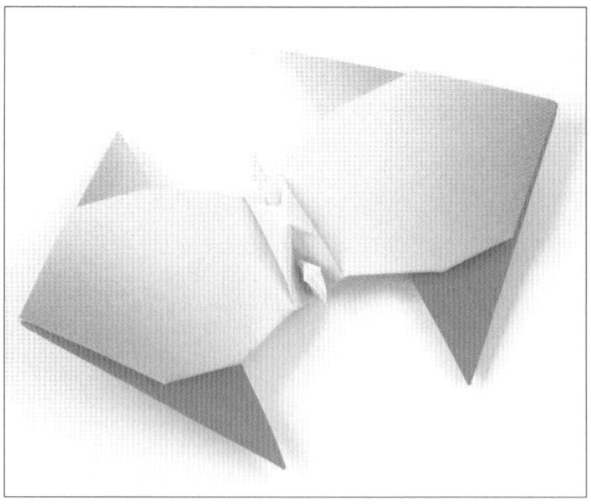

羽の先の三角の折り返しを立てることもできます。
用紙の縦横の長さの比率は１：３以上。

※中央を棒鶴にした場合の、片方の端の折り方のみ示しています。最初に中央の棒鶴を折っていったん開き、図に沿って両端を折ってから、中央の鶴を折り戻して下さい。

1

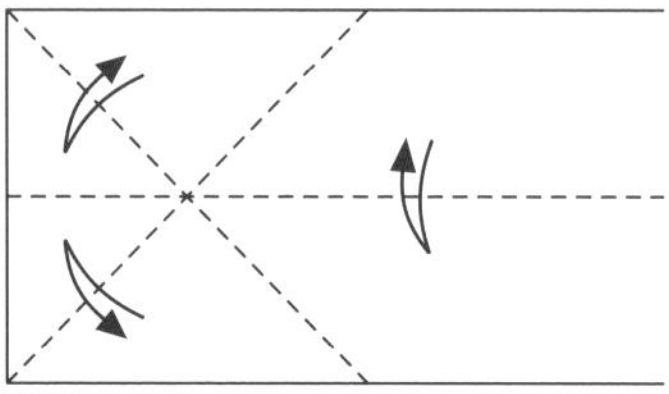

2

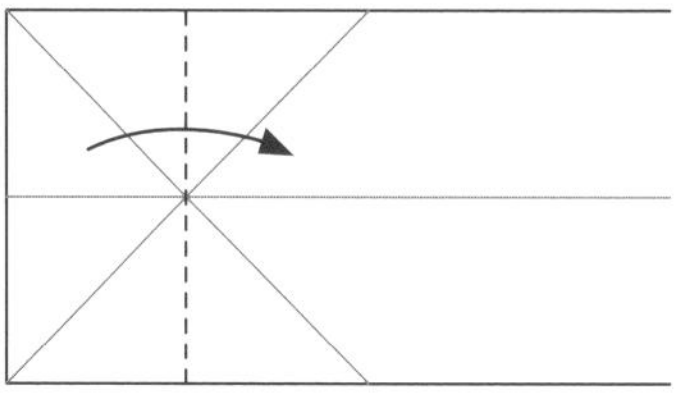

3 上下のカドを中に折り込む。

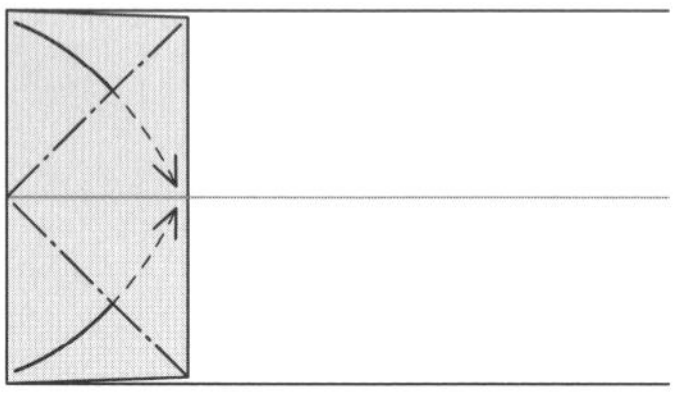

4

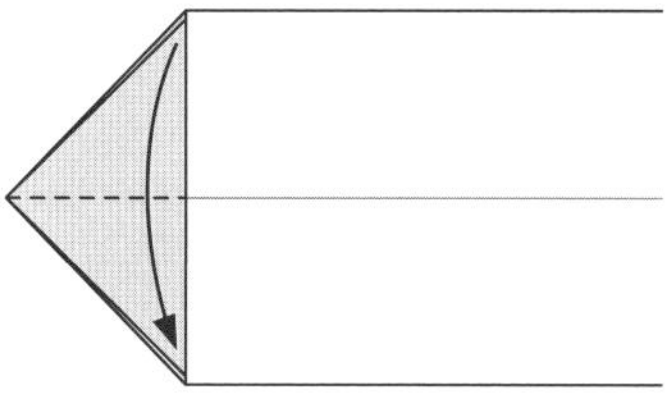

5

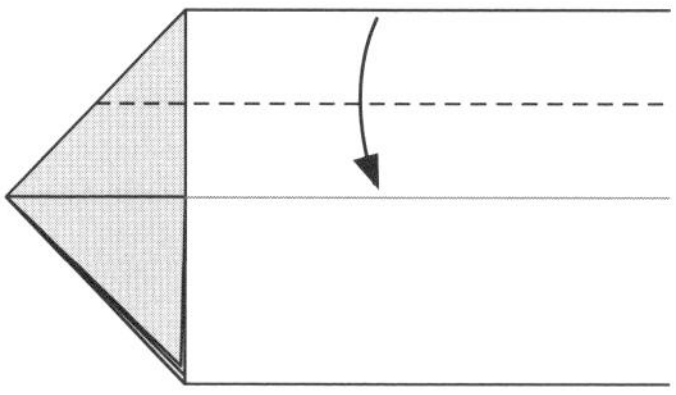

6 2片とも折り上げる。

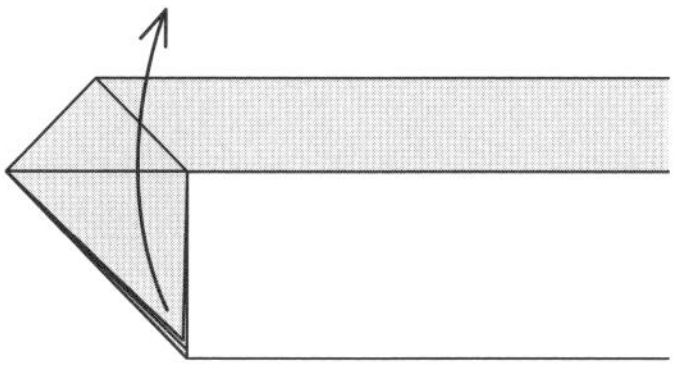

7

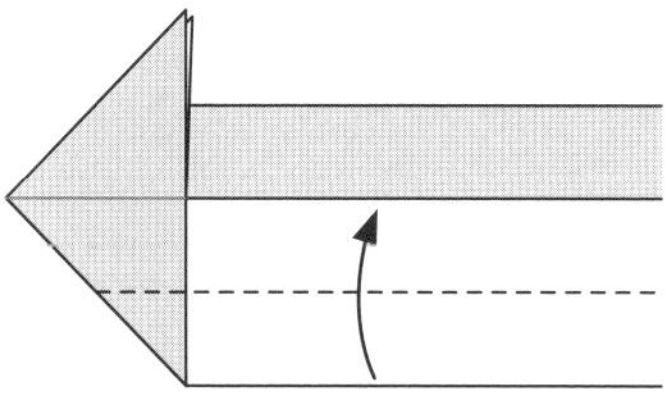

8 1片のみ折り下げる。

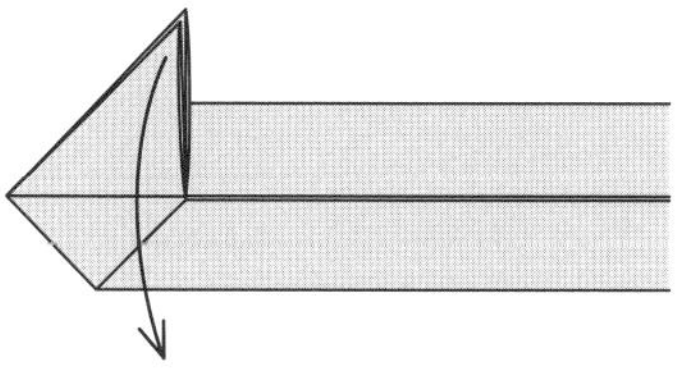

9

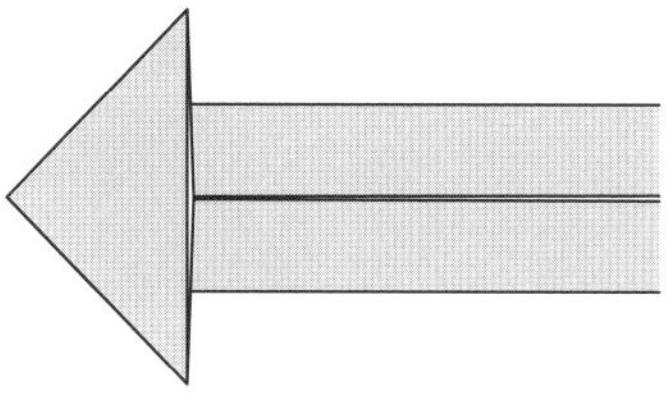

完成

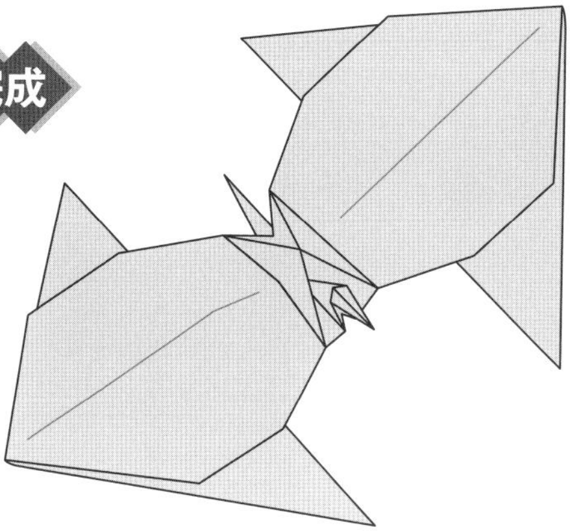

「棒鶴（やじり）」の折り手順

羽の先を、より鋭角にしたものです。
用紙の縦横の長さの比率は１：４以上。

※スタンドタイプと同じく、最初に中央の棒鶴を折っていったん開き、図に沿って両端を折ってから、中央の鶴を折り戻して下さい。

1

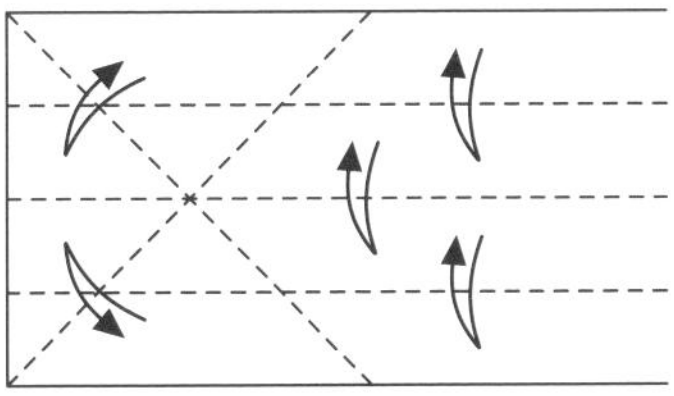

2

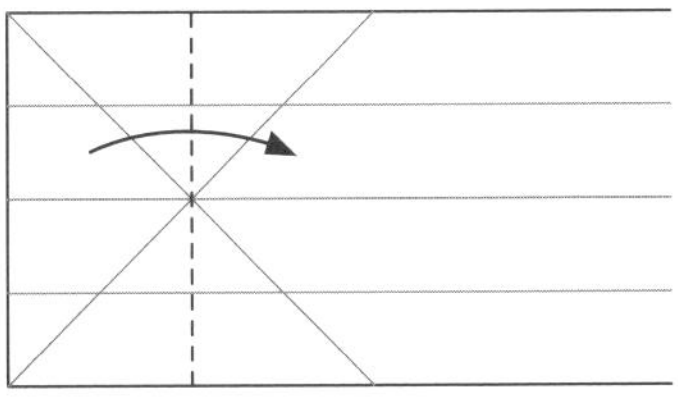

3 上下のカドを中に折り込む。

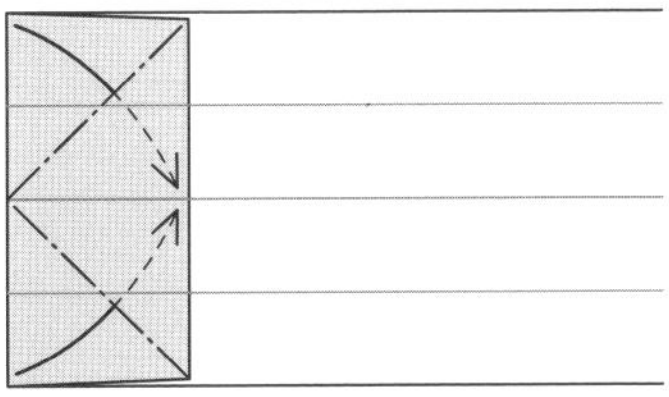

4

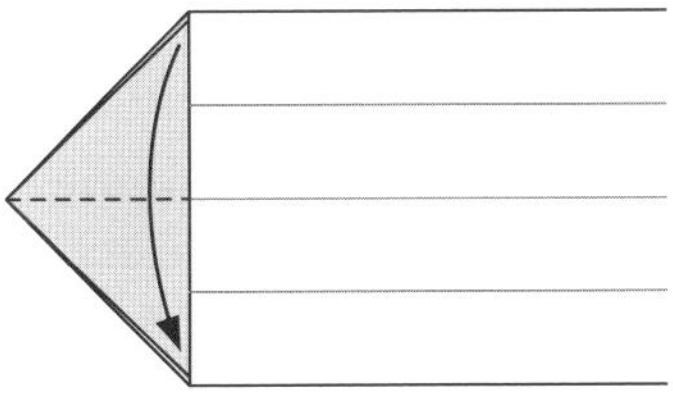

5

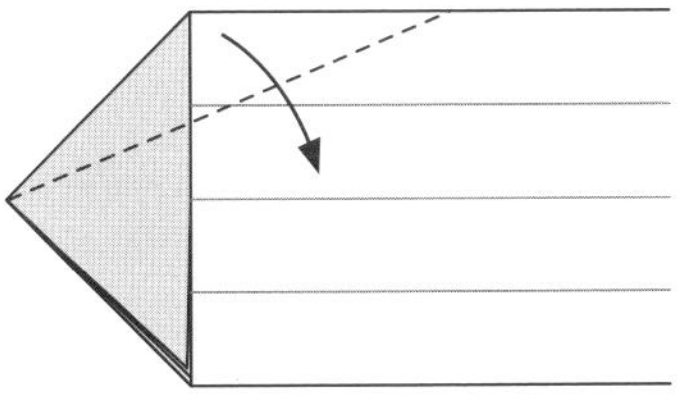

6 2片とも折り上げる。

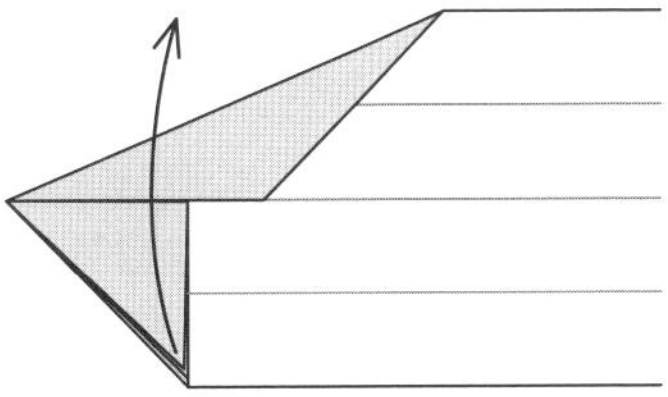

7

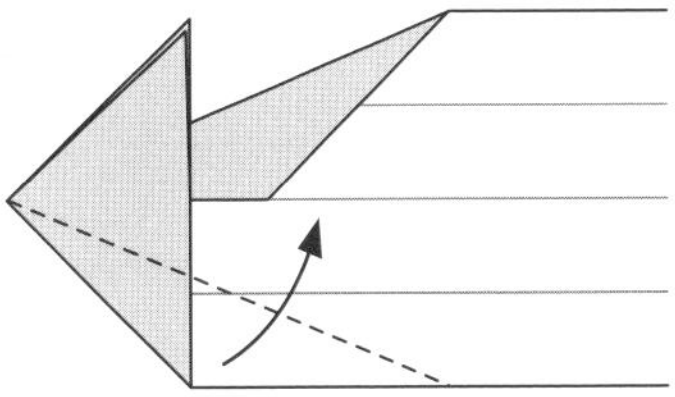

8 1片のみ折り下げる。

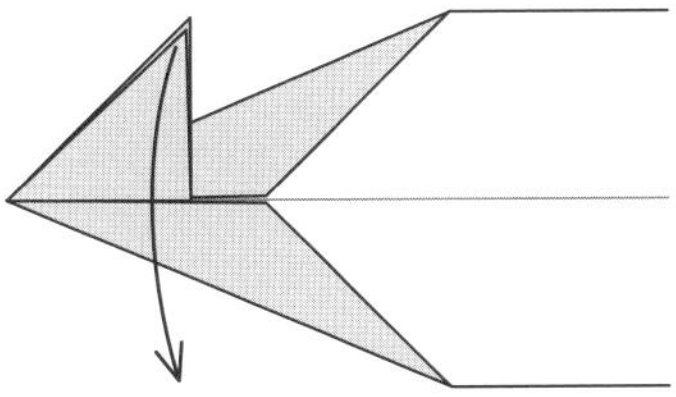

9

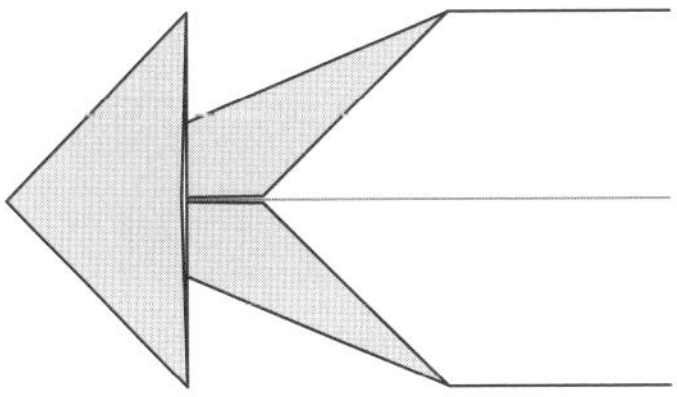

完成

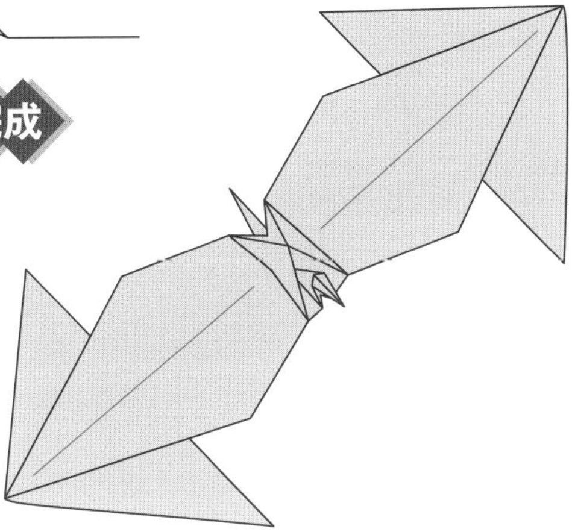

「袖鶴(棒鶴)」の折り手順

棒鶴の両袖に同じ棒鶴をつなげたもの。
用紙の縦横の長さの比率は１：３以上。

※両袖の鶴の折り方のみ示しています。最初に中央の棒鶴を折っていったん開き、図に沿って両袖の鶴を折ってから、中央の鶴を折り戻して下さい。

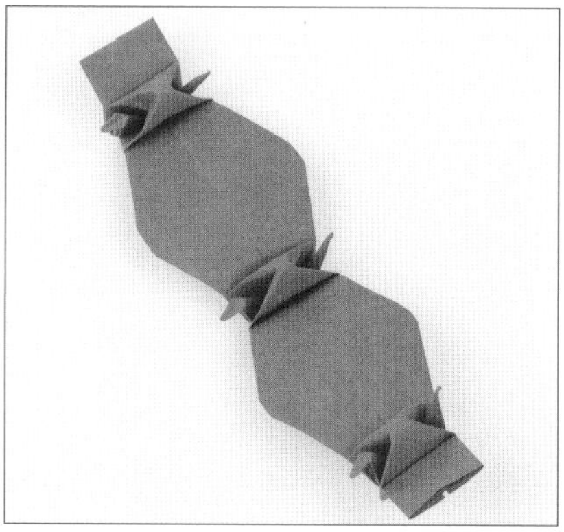

1

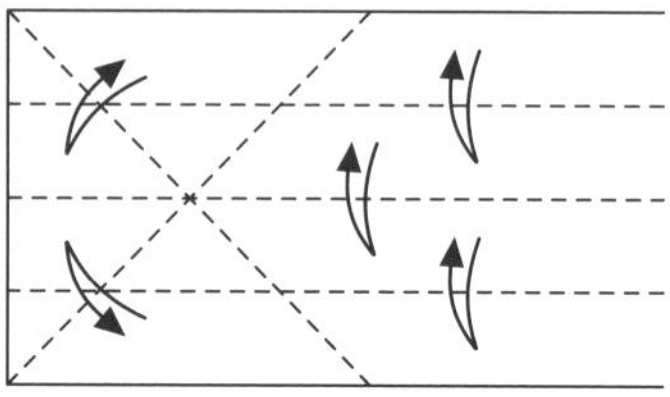

2

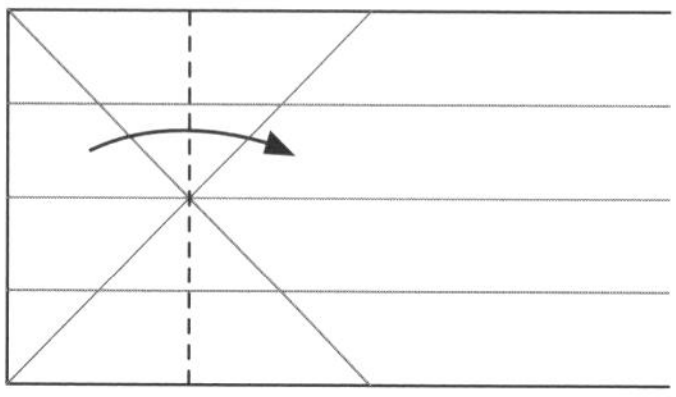

3

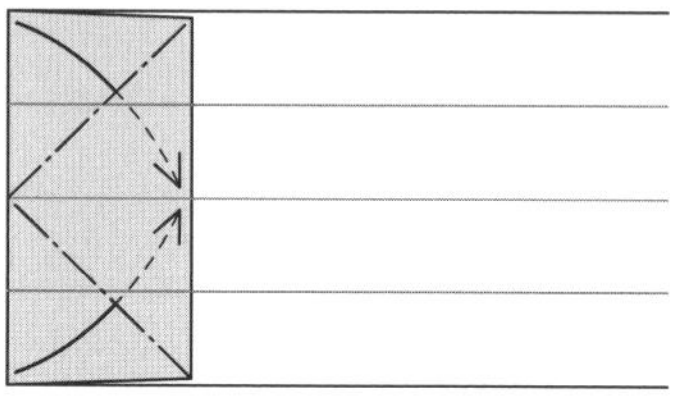

4

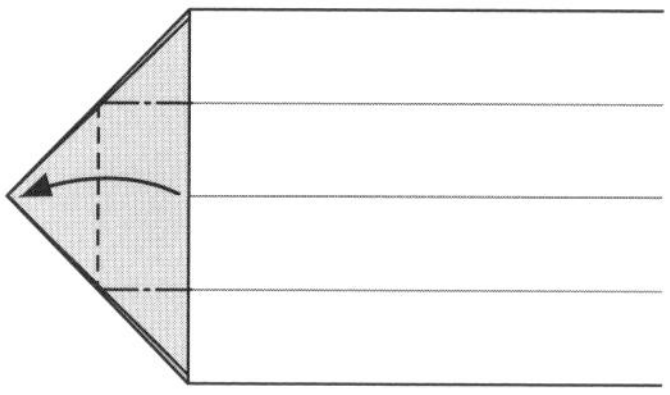

5

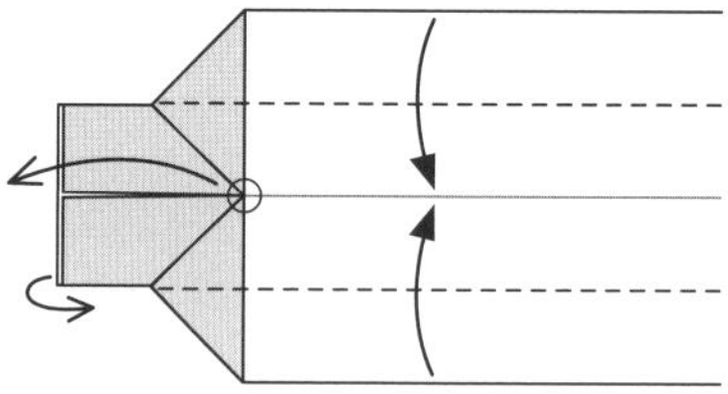

6

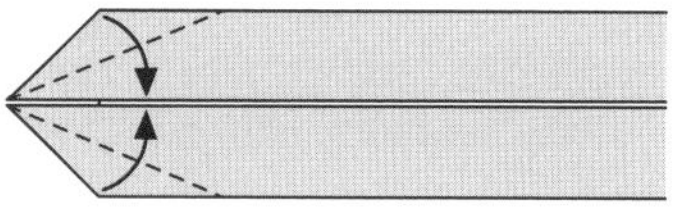

7

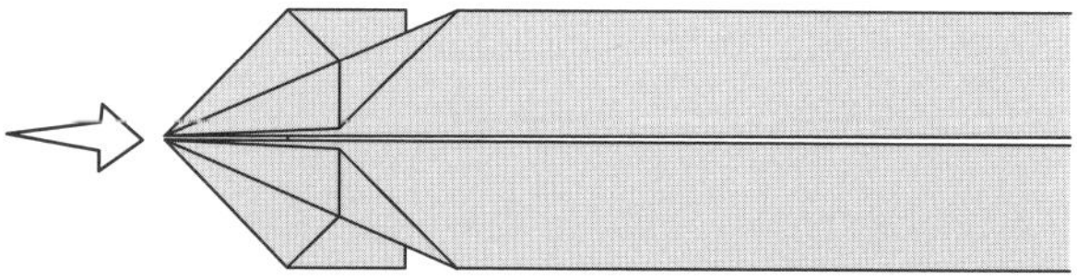

8

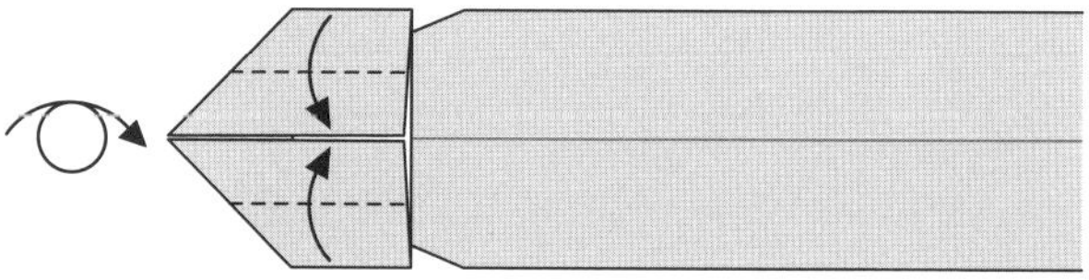

9

10

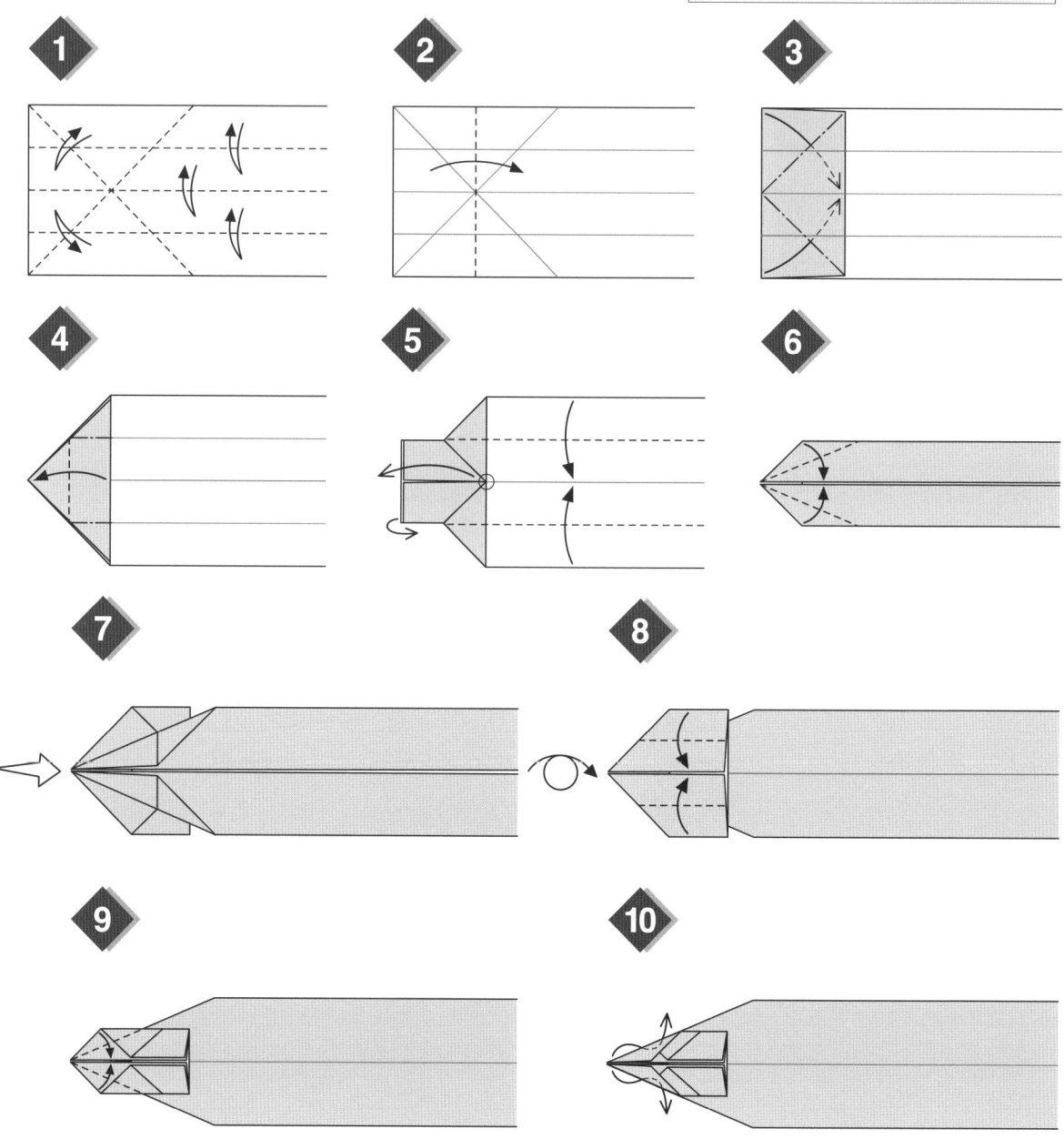

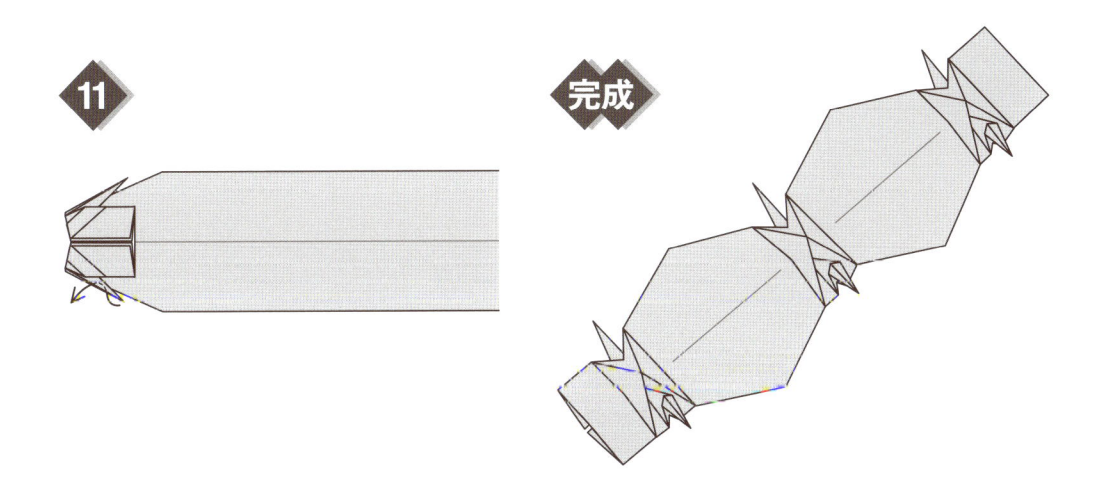

11

完成

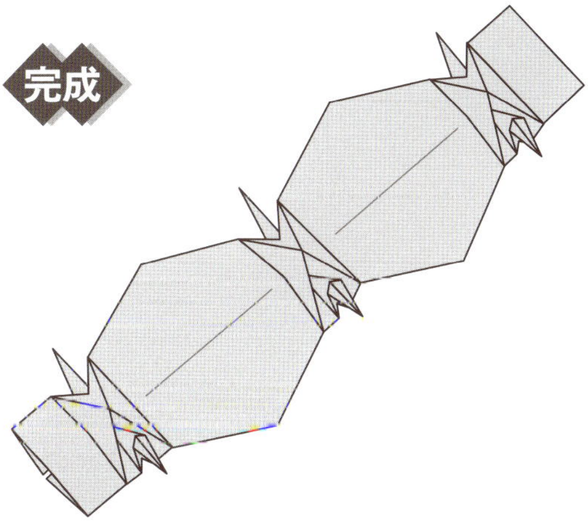

「袖鶴（棒鶴／ふくら雀）」の折り手順

棒鶴の両袖にふくら雀をつなげたもの。
用紙の縦横の長さの比率は１：３以上。

※両袖の鶴の折り方のみ示しています。最初に中央の棒鶴を折っていったん開き、図に沿って両袖の鶴を折ってから、中央の鶴を折り戻して下さい。

1 「袖鶴（棒鶴）」の**8**より。

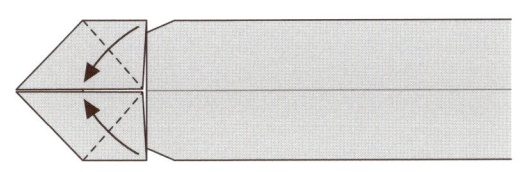

2

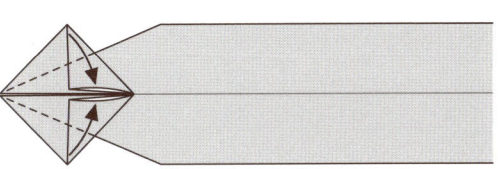

3

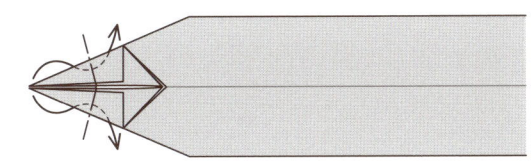

4

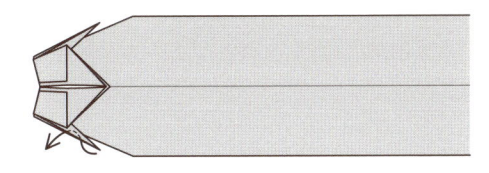

完成

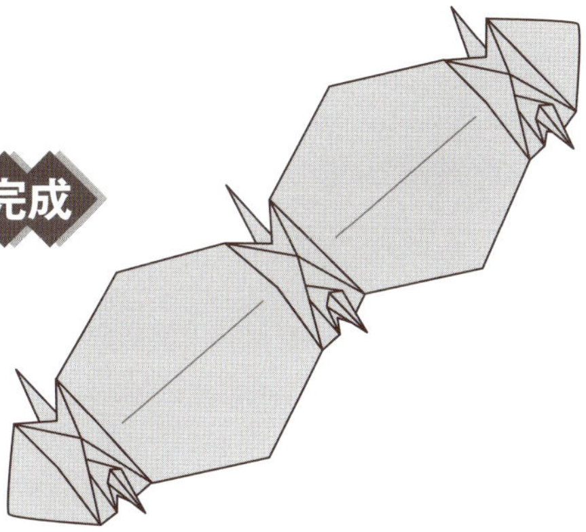

「袖亀鶴（棒鶴／開き亀）」の折り手順

棒鶴の両袖に亀をつなげて、おめでたい鶴亀にしました。お祝いの席の箸置きにしてみては？　用紙の縦横の長さの比率は１：３以上。

※両袖の亀の折り方のみ示しています。最初に中央の棒鶴を折っていったん開き、図に沿って両袖の亀を折ってから、中央の鶴を折り戻して下さい。

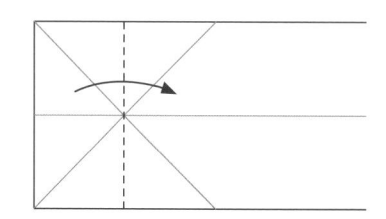

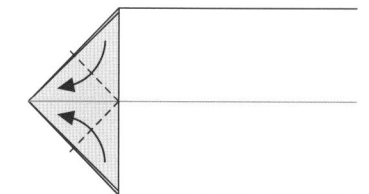

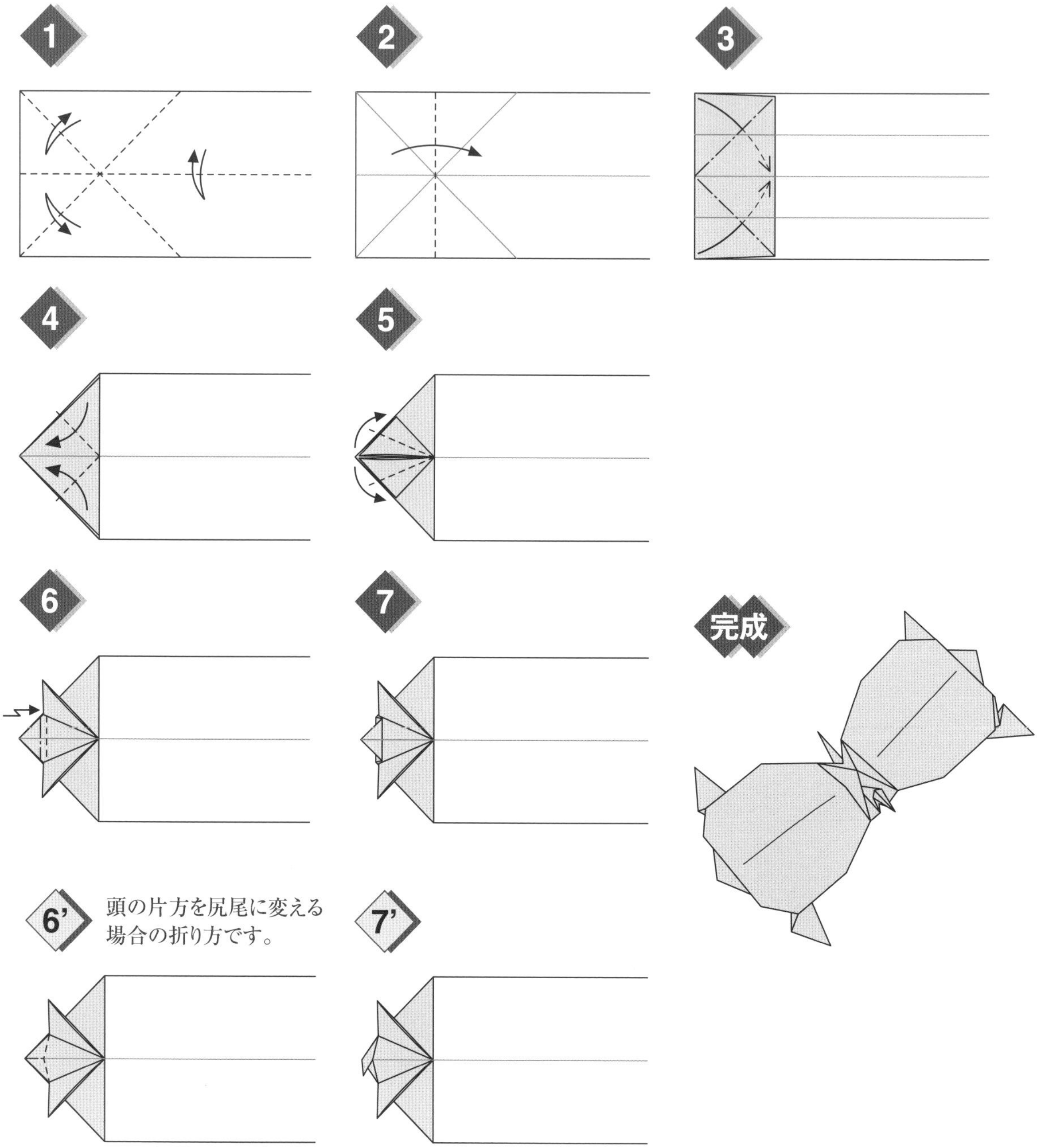

「袖亀鶴（棒鶴／二色亀）」の折り手順

亀の足に紙の裏地が出るタイプです。
用紙の縦横の長さの比率は１：２以上。

※両袖の亀の折り方のみ示しています。最初に中央の棒鶴を折っていったん開き、図に沿って両袖の亀を折ってから、中央の鶴を折り戻して下さい。

1

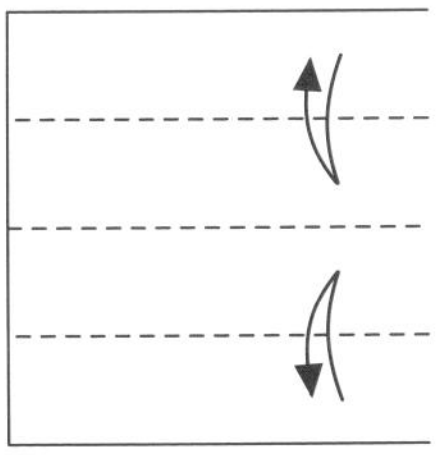

2

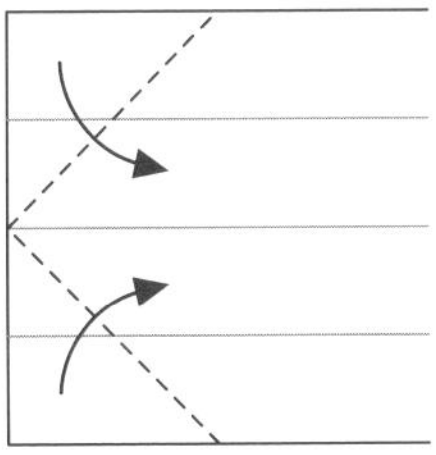

3

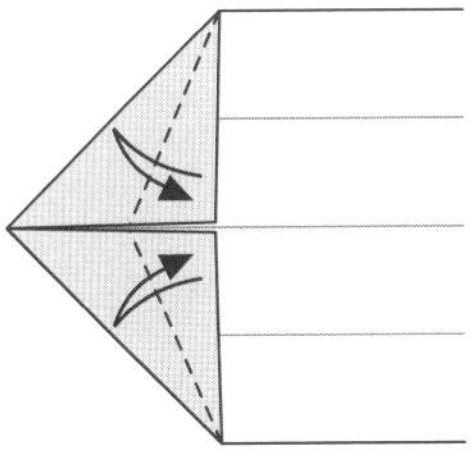

4

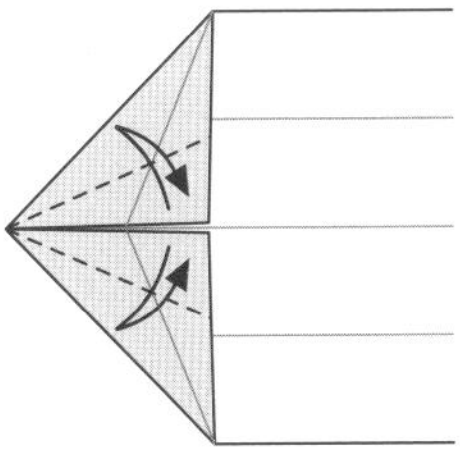

5 いったん開き、カドに折り目を付けて戻す。

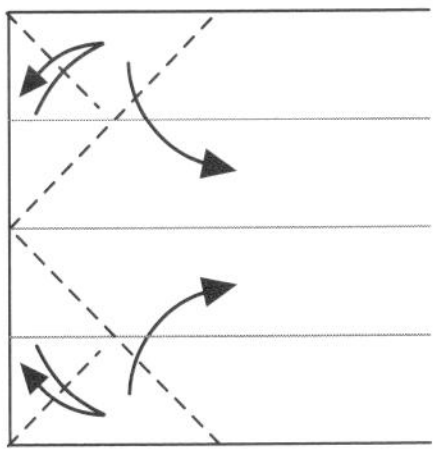

6 2カ所をつまみ折りする。

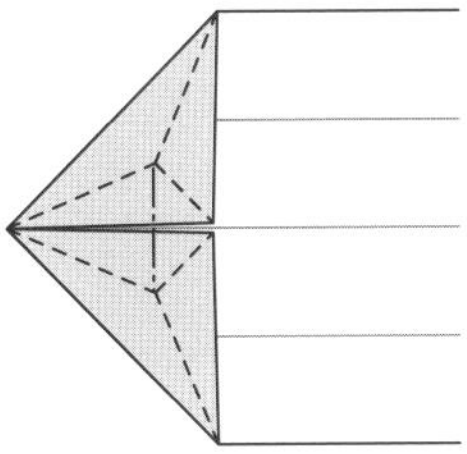

7

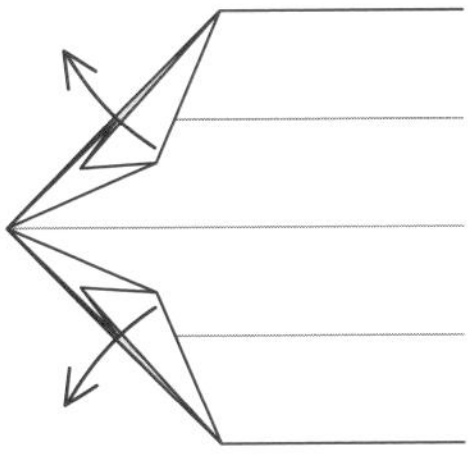

8

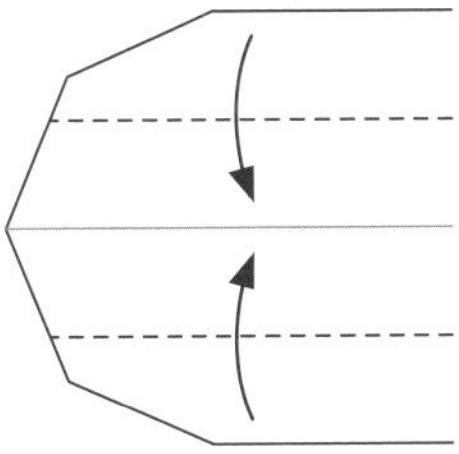

9

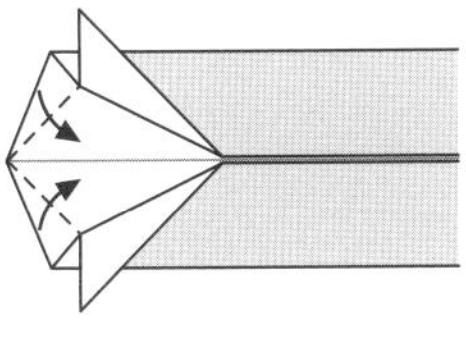

10

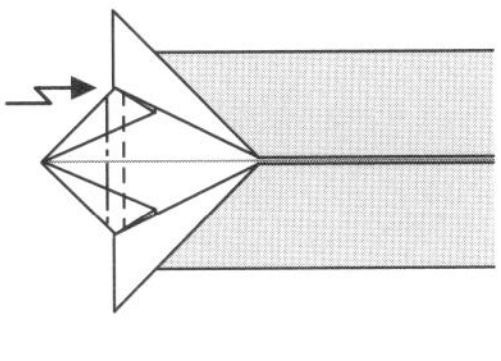

11

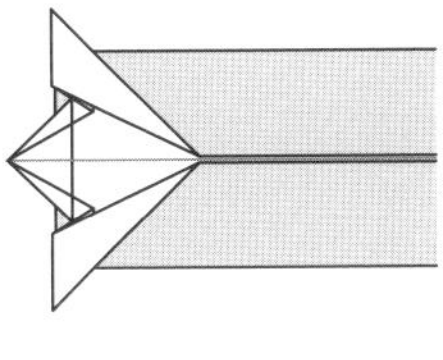

10’ 頭の片方を尻尾に変える場合の折り方です。

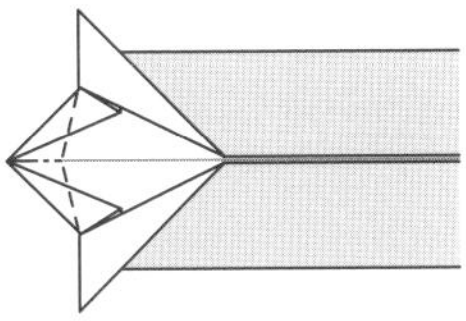

11’

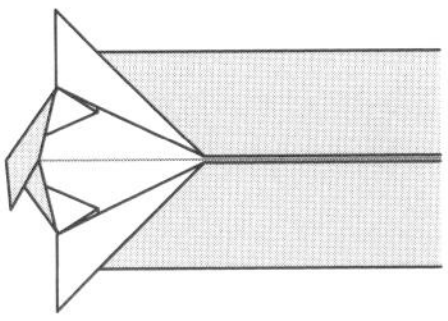

完成

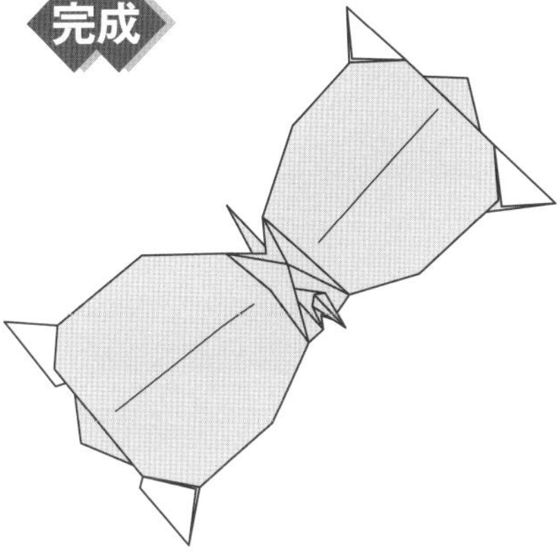

「斜折り鶴」の折り手順

用紙は正方形ですが、折り方は棒鶴の一種といえます。蝶のような羽の形が特徴。最後に一折り加えて羽のラインを鋭くしてもよいでしょう。

1

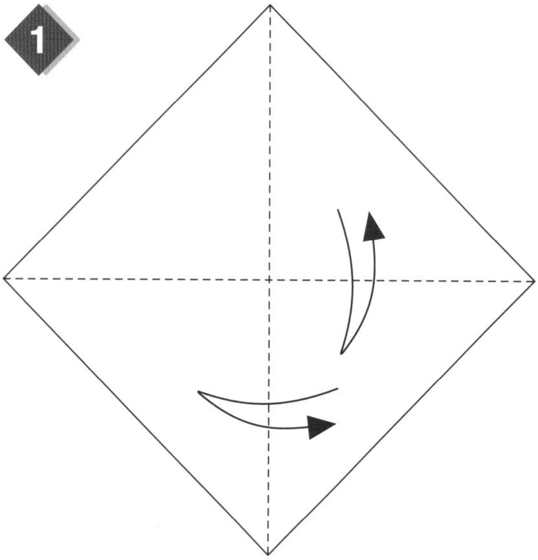

2

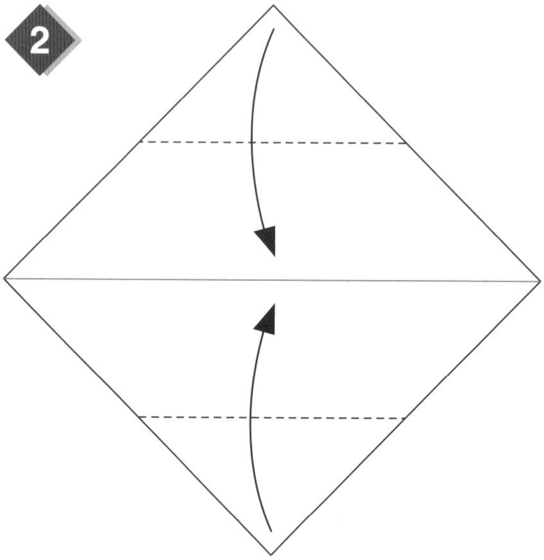

3

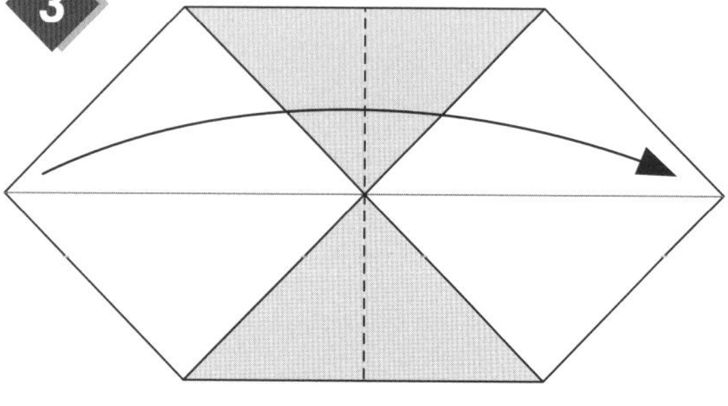

4

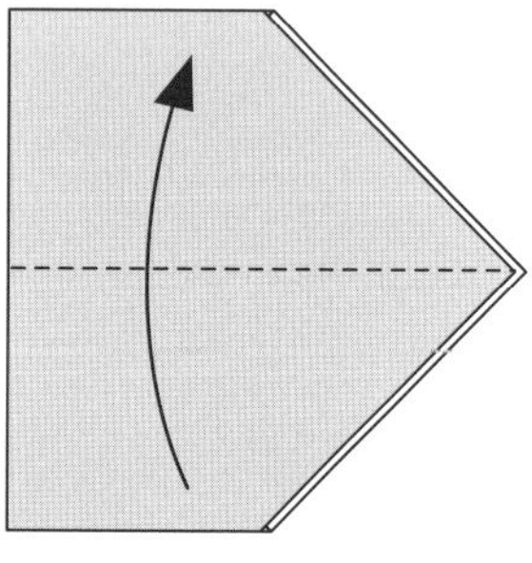

5

開いてつぶす。**5〜9**は全て裏側も同様に折る。

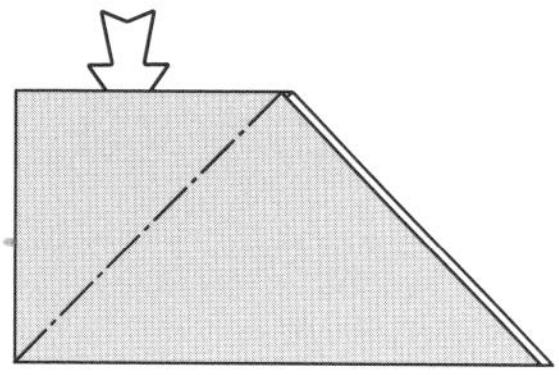

6

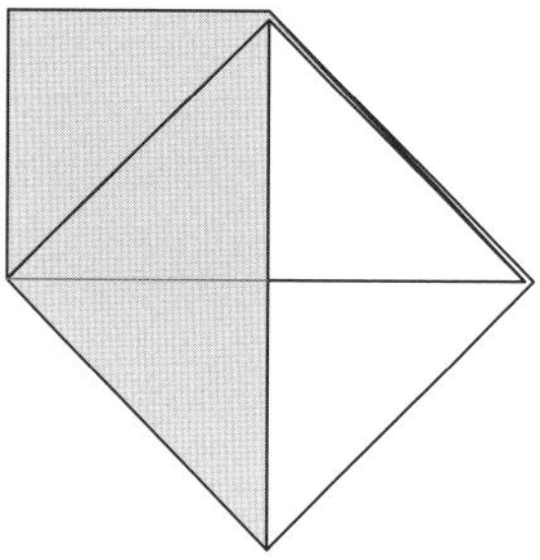

7

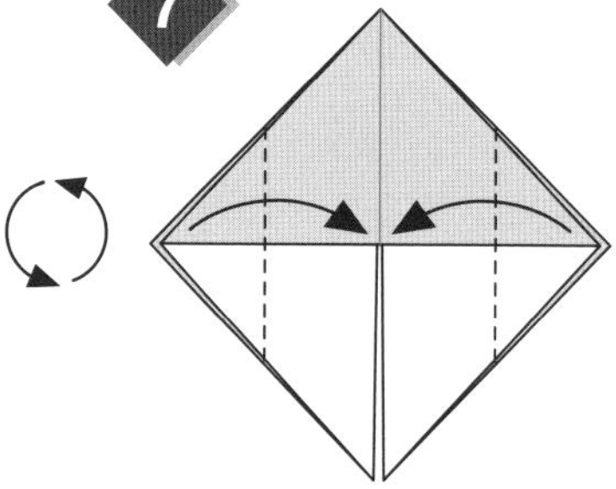

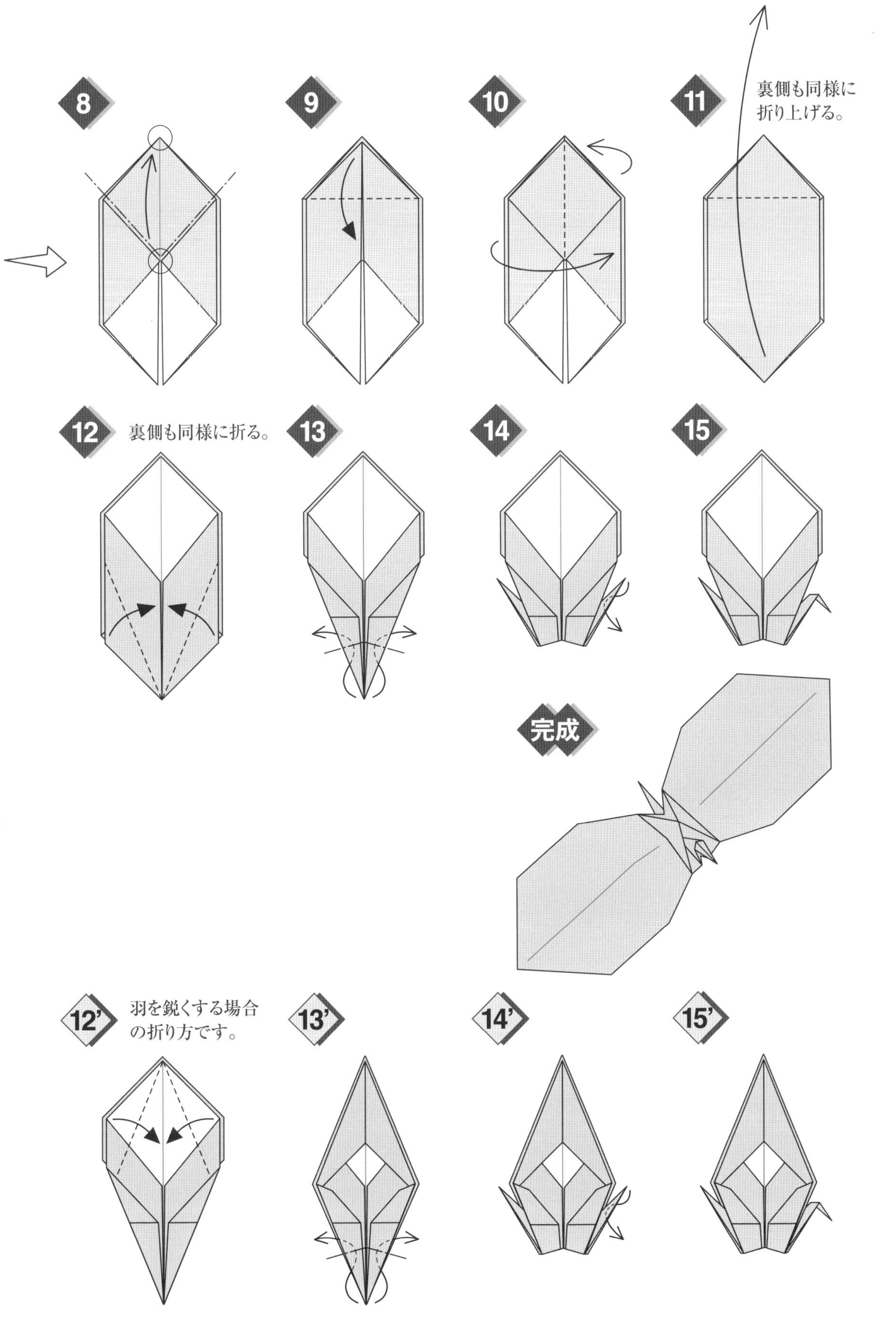
8
9
10
11
裏側も同様に
折り上げる。
12
裏側も同様に折る。
13
14
15
完成
12'
羽を鋭くする場合
の折り方です。
13'
14'
15'

棒鶴のバリエーション

細長い紙を使ってどんどんつなげていくことができる棒鶴ですが、他にも様々なつなぎ方が可能です。華やかな模様の紙を使うと、装飾的な置物にもなります。

双翼 そうよく｜2羽｜棒鶴リボン 作品 P35

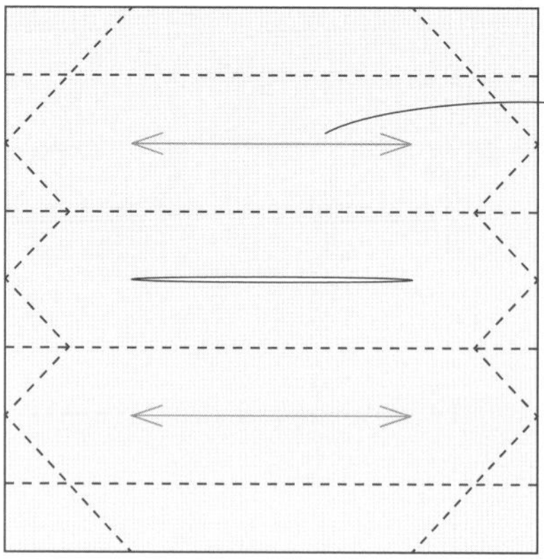

切：繋：切＝ 25：50：25、用紙の縦：横＝ 1：1

双翼 2羽｜棒鶴ストレート 作品 P35

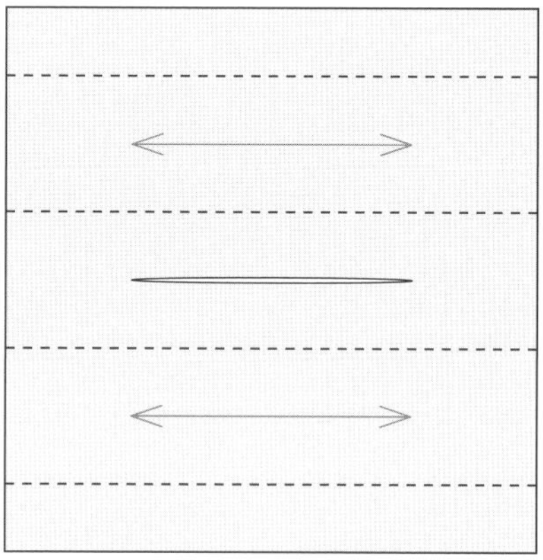

切：繋：切＝ 25：50：25、用紙の縦：横＝ 1：1

折谷 おりたに｜4羽｜斜折り鶴

作品 P36

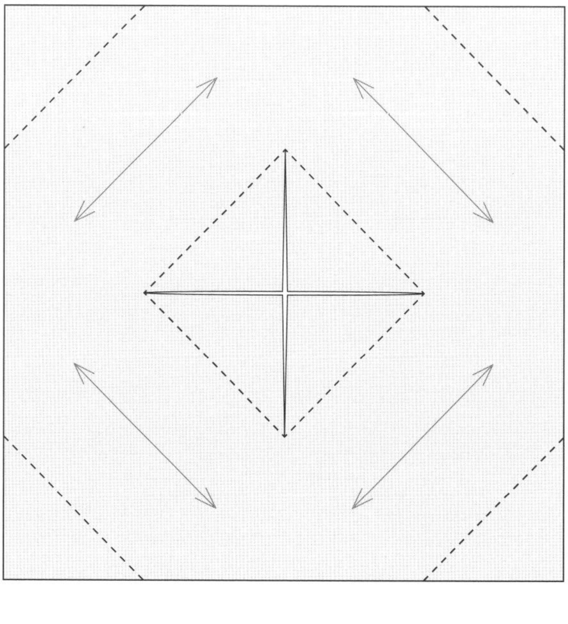

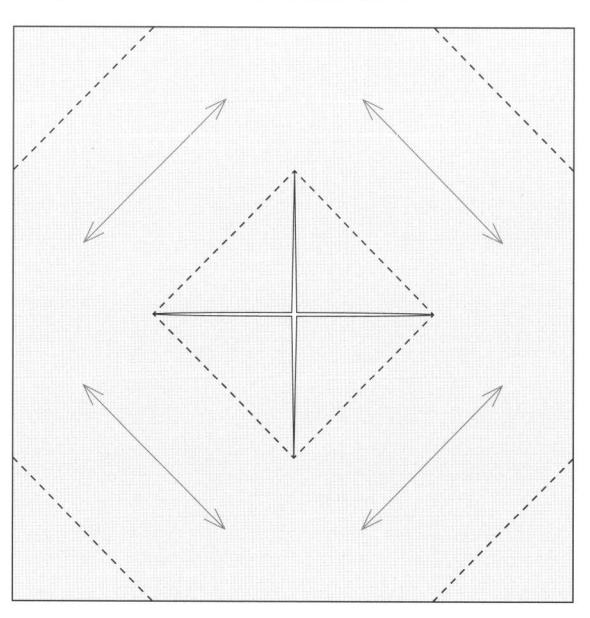

五連鶴

ごれんづる｜5羽｜棒鶴

作品 P35

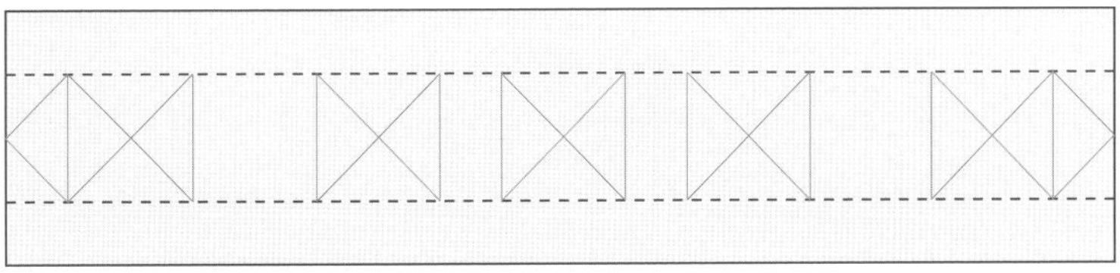

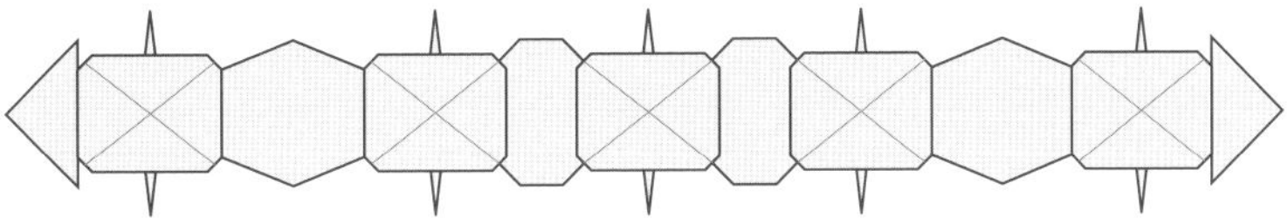

用紙の縦：横＝4：18

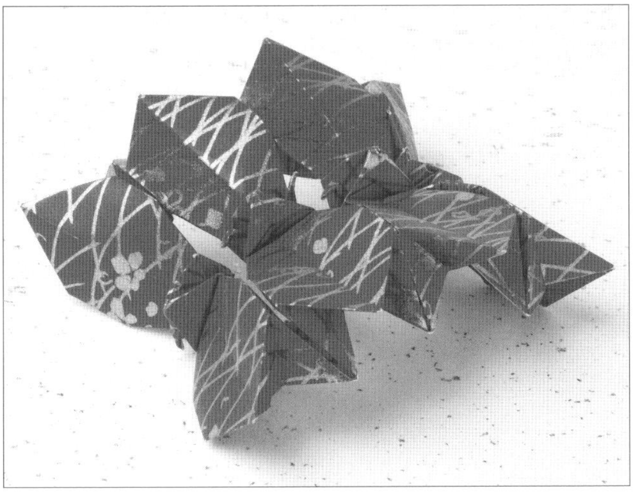

四段梯子

よだんばしご｜4羽｜棒鶴

作品 P36

切：繋：切＝20：60：20、用紙の縦：横＝2：1
折りづらい時は、繋：切：繋＝15：70：15ぐらいに接結部を減らすとよい。ただし、接結部が少なくなると、作品全体が平たくなるので要注意。

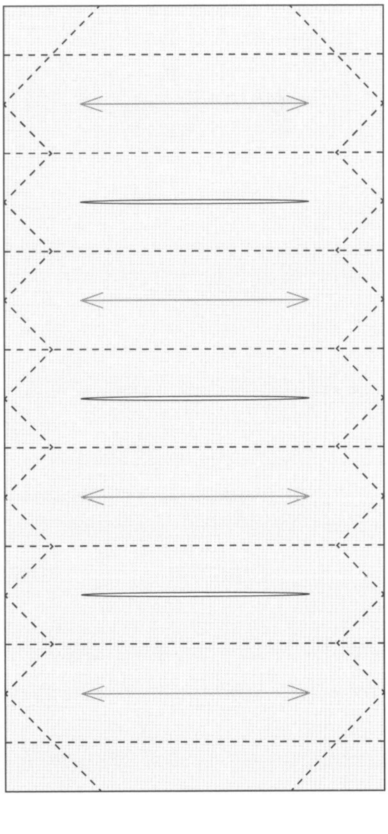

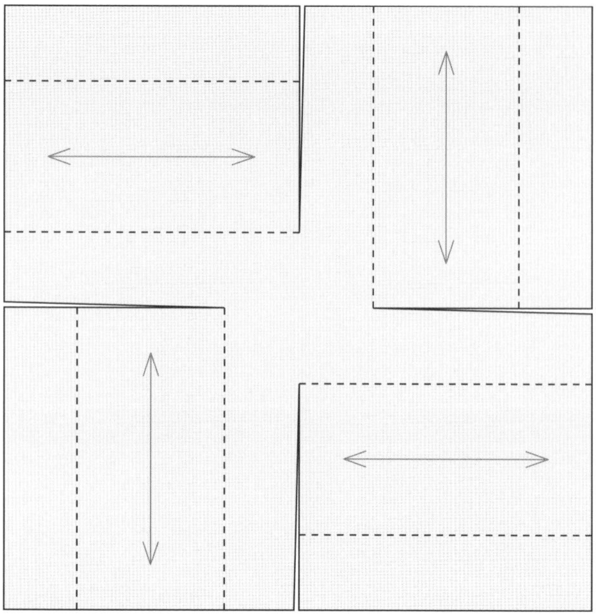

切 : 繋 : 切＝75 : 25

網代　あじろ｜4羽｜棒鶴

作品 P36

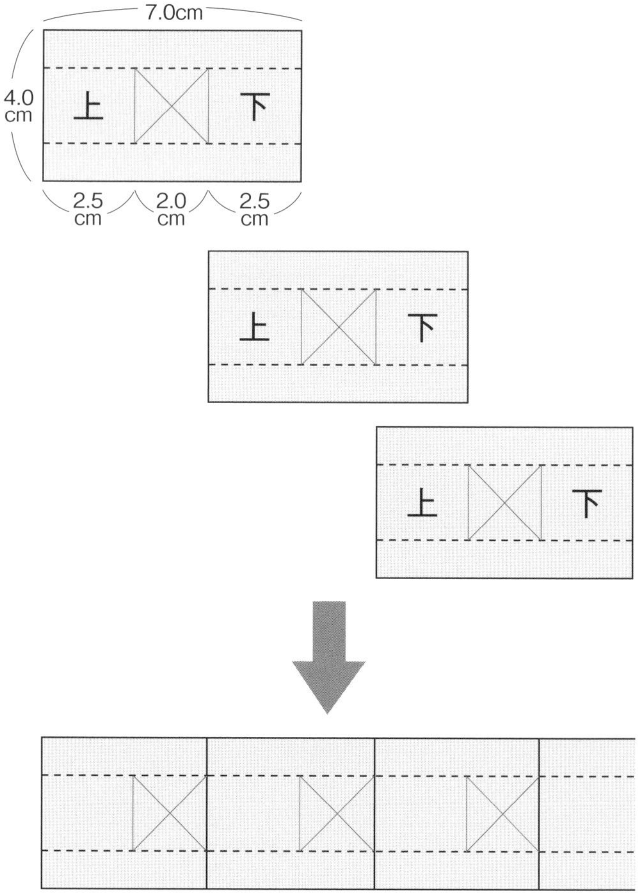

5色リング　10羽｜棒鶴

作品 P37

4.0×7.0cm の色違いの用紙 10 枚を、
図のように重ね合わせながら折る。

五輪 ごりん｜12羽×5色｜棒鶴 作品 P38

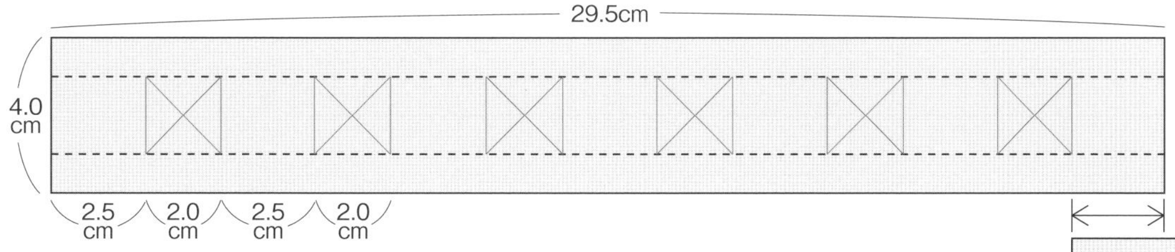

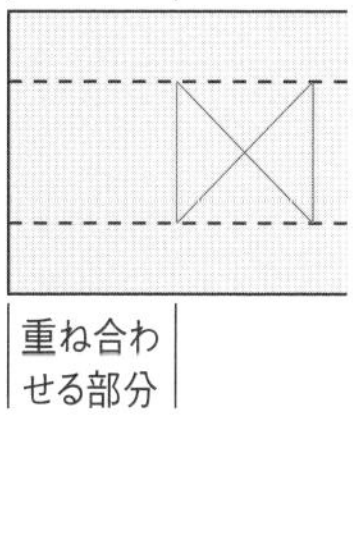

4.0 × 56.5cm の用紙 1 枚で折るか、あるいは 4.0 × 29.5cm の用紙を 2 枚、図のように重ね合わせて折る。

⑤ 祈りの輪

このシリーズの原型になっているのは、70 頁でご紹介した「段鶴」です。階段状になった連結の方向を輪にしてつないだらと思ったのが、きっかけでした。 そこから生まれたのは、頭と尾が縦につながった連鶴。それまでに見たことのないつながりの構造は、様々な展開の可能性を秘めていました。

基本パターンと、そのバリエーション

基本になるのは 1/4 段鶴です。114 ～ 117 頁の折り図を見ると、用紙の原型は全て同じだということがわかるでしょう。切り込みの位置は違いますが、接結部分の長さは全て一つの正方形の 1/4 です。

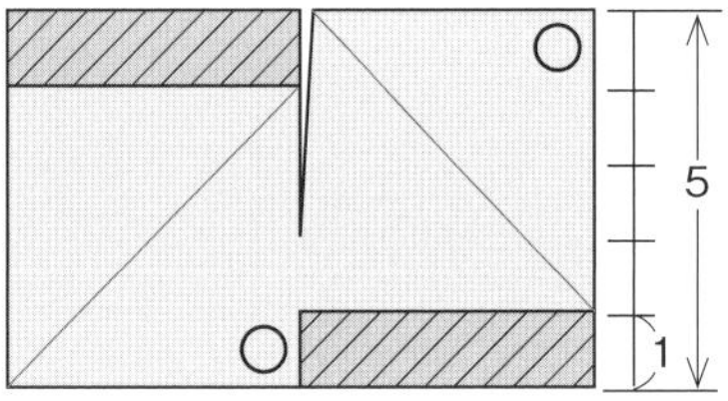

立鶴―基本 2羽 | 伝承鶴

作品 P45

立鶴―乱 4羽 | 伝承鶴 作品 P45

❶～❹の順に折る。

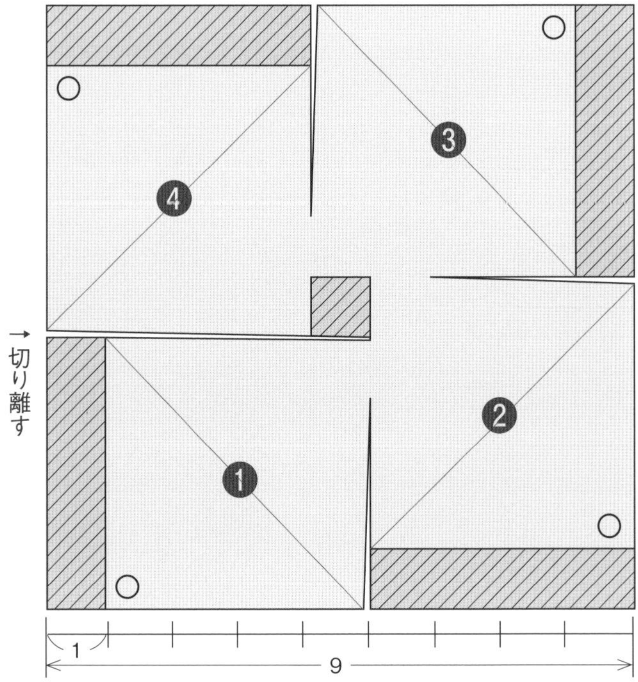

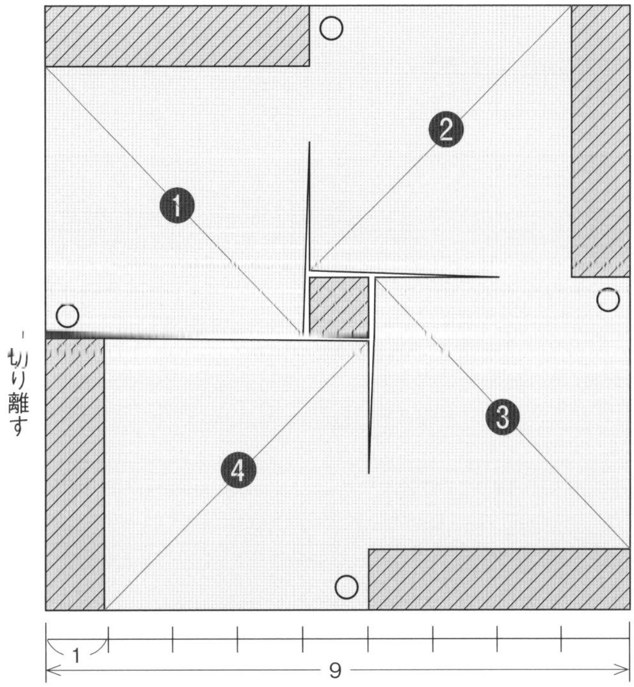

立鶴―直　4羽｜伝承鶴　作品 P45

❶～❹の順に折る。

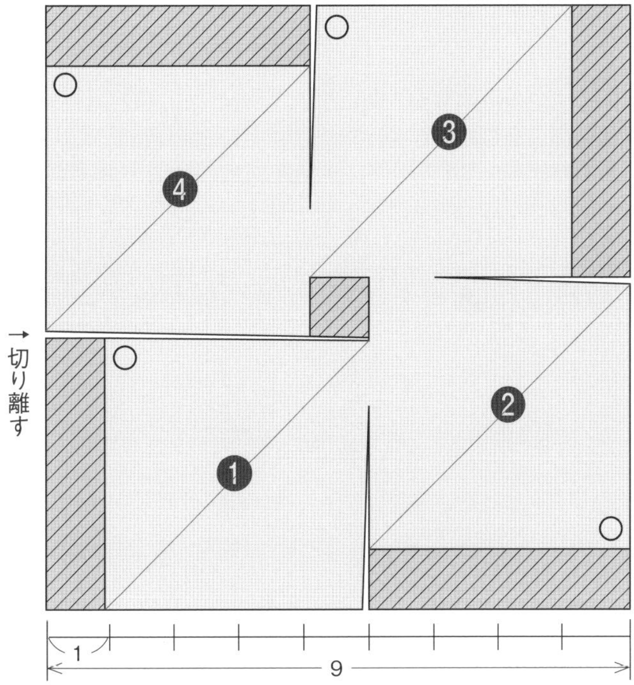

立鶴―斜　4羽｜伝承鶴　作品 P45

❶～❹の順に折る。

ワンポイント☞　用紙サイズとスケール

「祈りの輪」では、カットする部分がわかりやすいように折り図にスケールを入れました。114～117頁の作品のような4羽つなぎの作品を例に、用紙サイズとスケールの関係を示しましたので、参考にして下さい。

15×15㎝の用紙の場合、1目盛りは15㎝÷9＝約1.67㎝
18×18㎝の用紙の場合、1目盛りは18㎝÷9＝2.0㎝
逆に、1目盛りが1.5㎝ならば、用紙は1.5㎝×9＝13.5㎝
1目盛りが2.0㎝ならば、用紙は2.0㎝×9＝18.0㎝

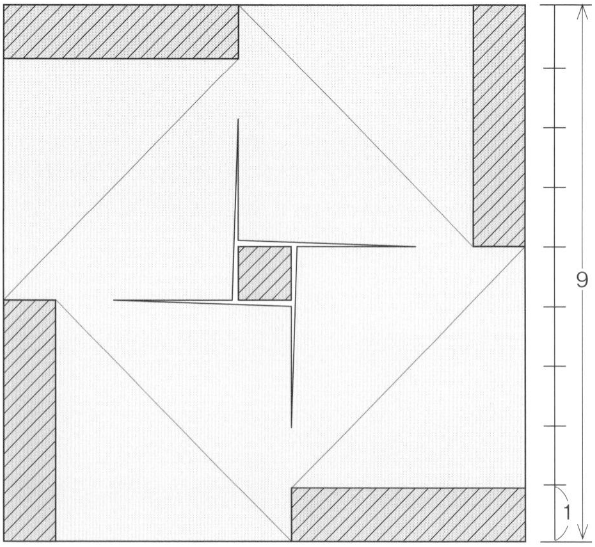

羽生 はにゅう｜4羽｜伝承鶴

作品 P46

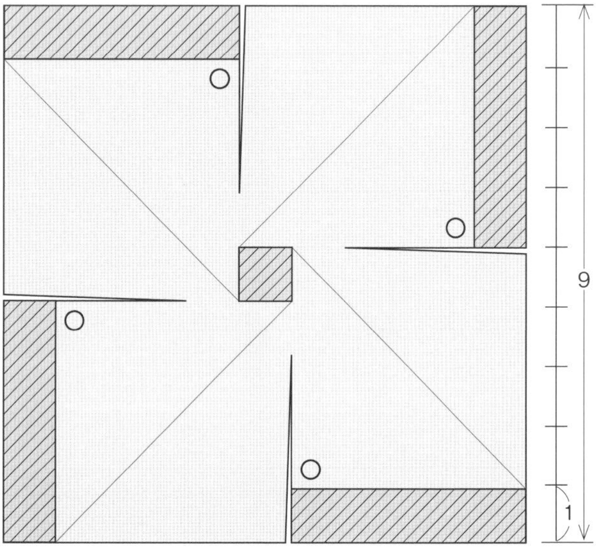

手取 てどり｜4羽｜伝承鶴

作品 P46

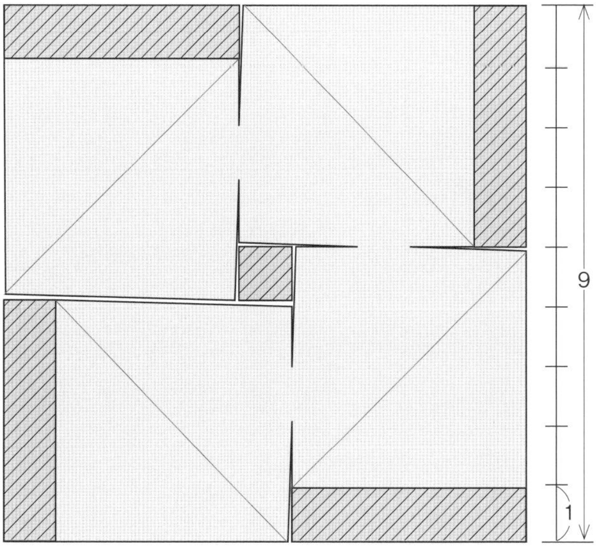

千木 ちぎ｜4羽｜伝承鶴

作品 P47

舞谷 まいだに | 4羽 | 伝承鶴

作品 P47

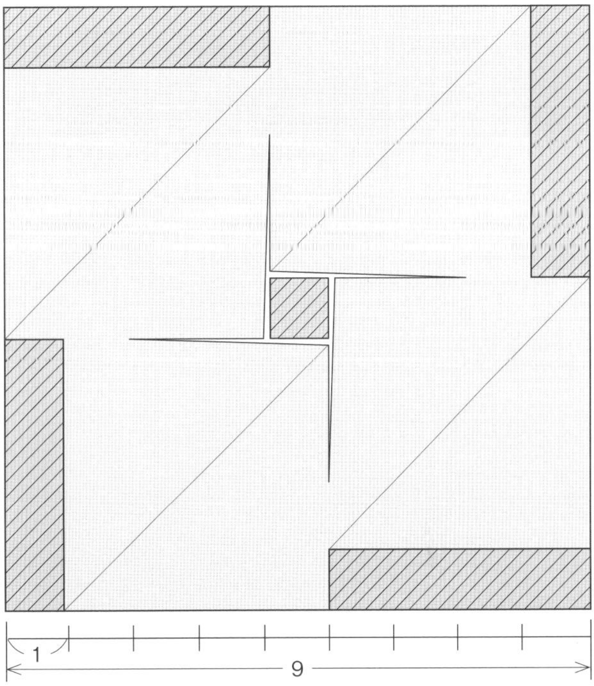

立開 りゅうがい | 4羽 | 伝承鶴

作品 P47

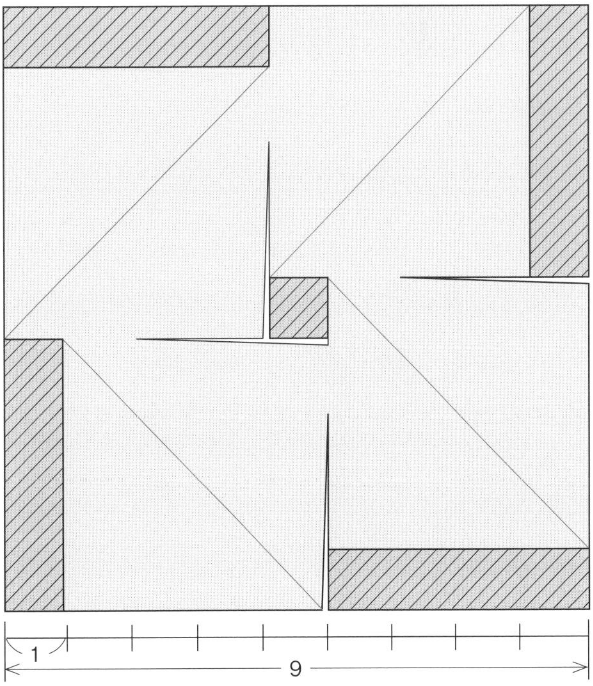

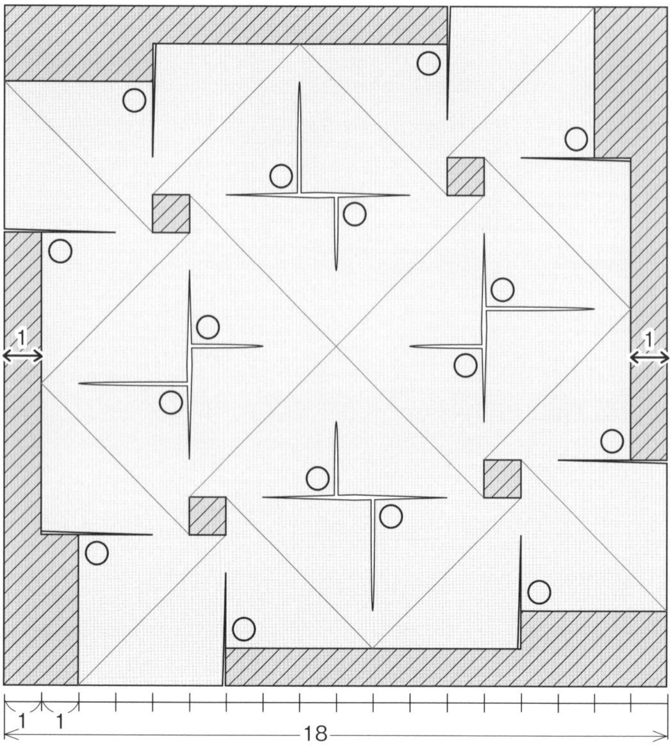

大生 おはえ｜16 羽｜伝承鶴

作品 P46

祈りの輪—直 12 羽｜伝承鶴

作品 P40

どの鶴から折り始めてもよい。それを起点に時計回りに折っていく。

祈りの輪—乱　12羽｜伝承鶴　作品 P41

どの鶴から折り始めてもよい。それを起点に反時計回りに折っていく。

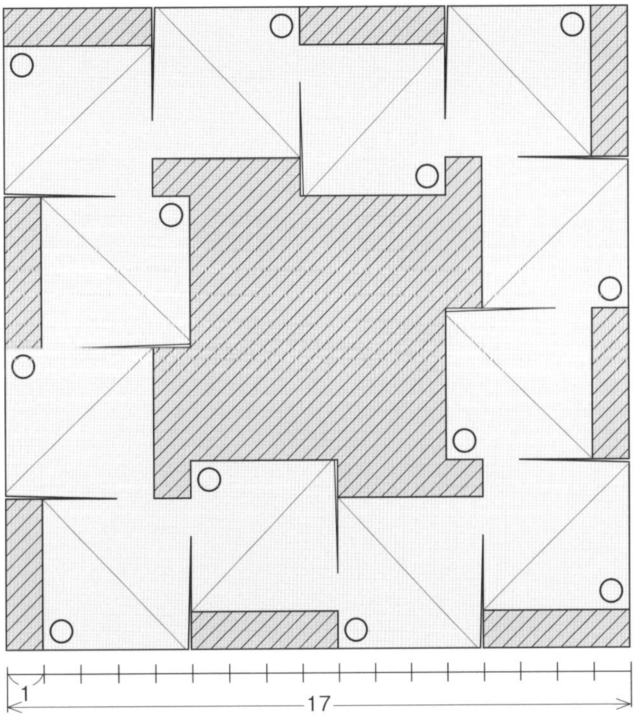

1/4段鶴への道のり

70 ～ 71頁では、主にいろいろな1/2段鶴を紹介しています。元になる正方形を段違いにつなげて連鶴を作るという発想は、最初はほんの思いつきでしたが、実際に折ってみると思いがけない構造となり、興に乗っていろいろな展開を試みました。当時作った作品を今見返してみても本当に面白く、よく作ったものだと我ながら感心もしてしまいます。

実はその後、用紙の一部を切り落とすことの是非に対する迷いが生じ、このテーマを長い間お蔵入りにしていましたが、新たなつながりを求め、今度は1/4段鶴への挑戦を思い立ちました。

まずは、接結幅「1/4段」で考え得る限りの接結方法を想定し、検証することからスタートしました。1/4 ～ 3/4段鶴における2羽のつながりを全て折り図にして記録し、それを、一つずつ折って形にしていく。文字にすれば至極簡単ですが、なんといっても、実際に折って自分の目で確かめないことにはわからないし、納得もできません。それに、もしつながったとしても、それを作品としてどのように展開するかが、また問題です。

全てが徒労に終わってもおかしくないうえに、遅々としてはかどらず、何度か投げ出しかけました。幸いにも、この結果「祈りの輪」が完成しましたが、そこに至るまでには長い道のりがあったことも事実です。

二輪鶴と三輪鶴

一輪の「祈りの輪」では、中央部分を切り離しています。この部分にも連鶴をつなげることができないかと考えるうちに、二輪、三輪の作品が生まれました。内側には〈龍朧車〉や〈珠蕾〉など、いろいろな作品を入れることができます。

祈りの輪（2輪）灯

とぼし｜16羽｜伝承鶴 作品 P42

内側は〈龍朧車〉の切り込みが多い形（切：繋＝3：1）。
外輪はどの鶴から折り始めてもよい。
それを起点に反時計回りに折っていく。

外輪よりも内輪の方が、1羽の鶴が小さい。
そのため、外輪と内輪のスケールを比べると、
内輪の目盛りの方が小さくなる。

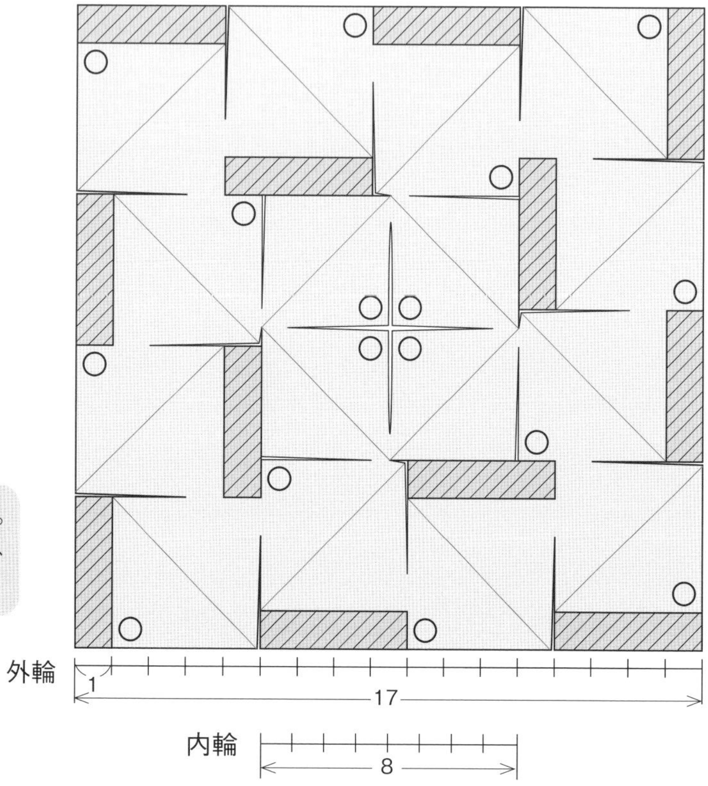

祈りの輪（2輪）行

あるき｜16羽｜伝承鶴 作品 P43

内側は〈手取〉。
外輪はどの鶴から折り始めてもよい。
それを起点に時計回りに折っていく。

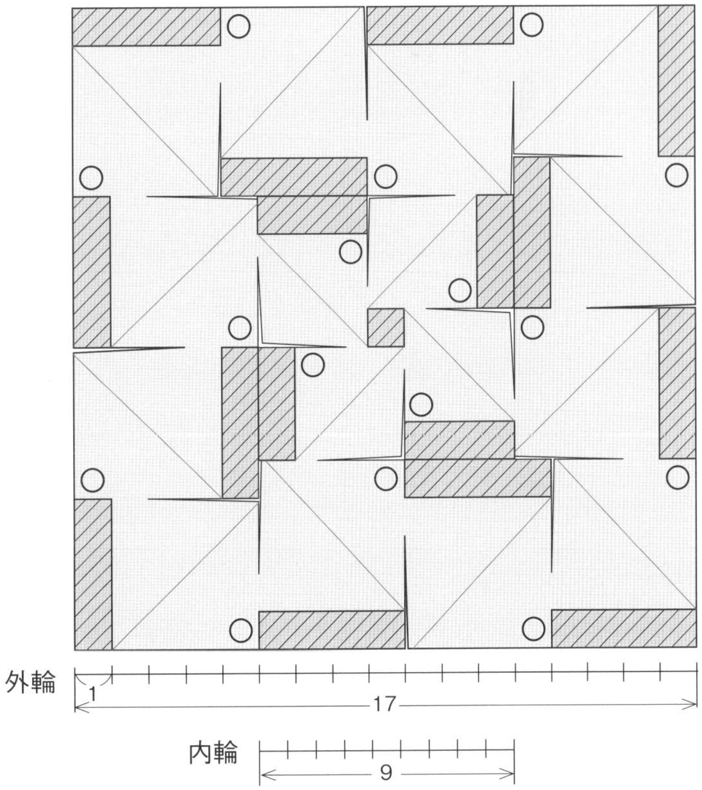

祈りの輪（3輪）明生

みょうじょう｜36羽｜伝承鶴　作品 P44

外輪と中輪はどの鶴から折り始めてもよい。
それを起点に時計回りに折っていく。

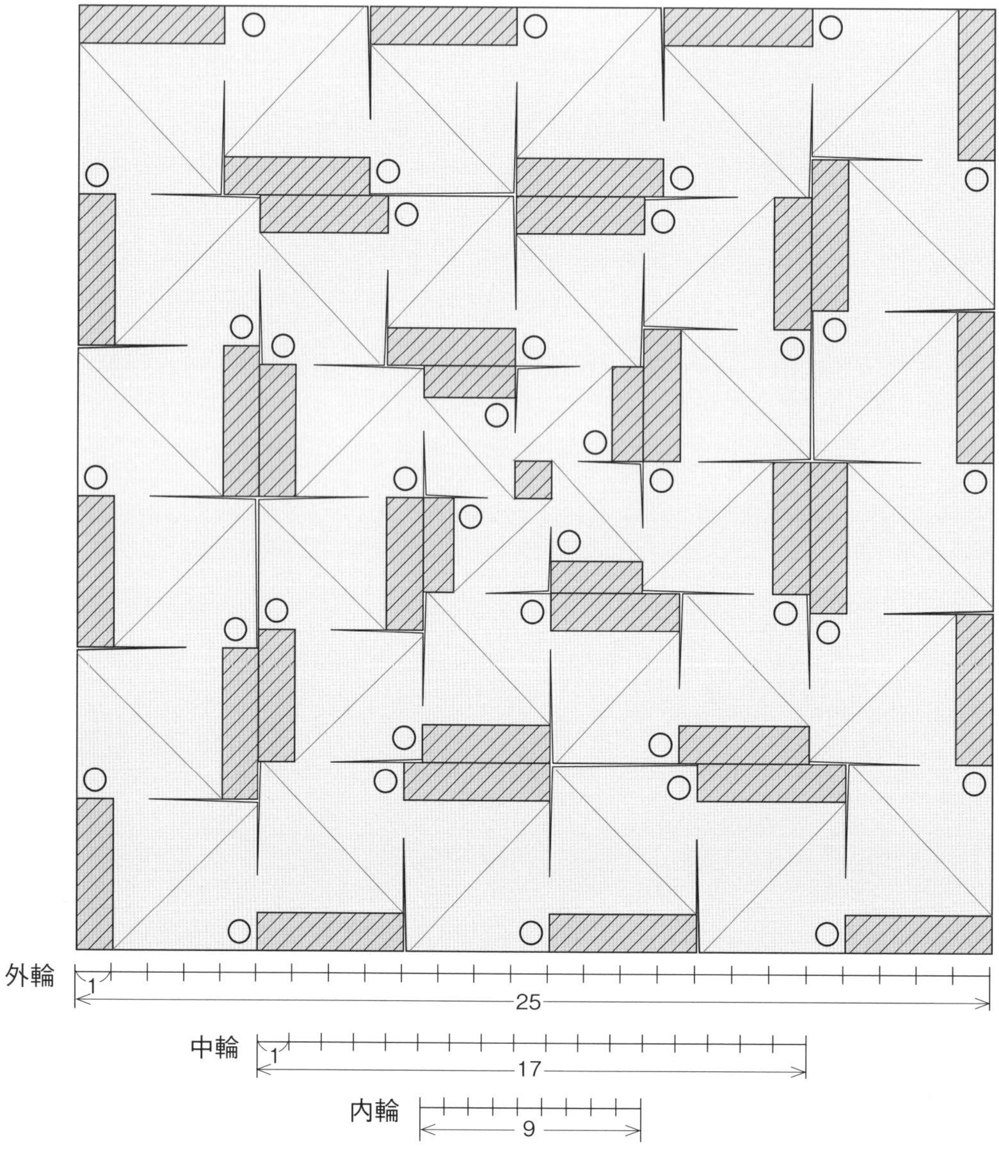

祈りの輪が生まれた時

連鶴は、ある程度数がまとまることによって、美しさも増します。特に、バランスのよい作品はなおさらです。たった一枚の紙を切り離すことなく鶴をつなげて折るだけのことですが、ただつながっているだけでは折り鶴の集まりに過ぎません。それなりに作品には「完成度」も必要です。そうはいっても、新しいつながりを持ち、かつ完成度も高い連鶴がそう簡単にできるものでもありません。

昨年のことです。それまでしばらくの間放っておいたテーマである〈段鶴〉を再開したのですが、そうはいっても泉のごとくアイデアが湧き出てくるはずもなく、新たな展開を求めて試行錯誤の毎日が続いていました。そんな時に、あの3.11の大地震が起きたのです。

遠く離れた金沢でも、何か気持ちの悪い揺れを感じたしばらく後、見るともなくつけていたテレビの画面が突然変わり、大津波警報の知らせがありました。

朝から晩まで、テレビに映し出される信じがたい光景に、毎日毎日、祈る思いで鶴を折っていました。そして、あの大災害の中、各地で互いに助け合って生きようとする人々の輪を見ているうちに、ふっと湧き上がった熱い思いとともに、一気に作り上げた作品が「祈りの輪」になったのです。

その時分は、作品の手がかりにと、あらゆる〈1/4段鶴〉のつながり方を想定し、検証している真っ最中でした。考え得る限りのつながりを2羽の折り図にし、それを一つずつ折っては、新しい作品の手がかりを探していました。もっとも、検証とは名ばかりで、そのほとんどは作っては捨てることの繰り返し。これはと思うものは、結局ほんの数点しか残りませんでした。

最初は何の変哲もない2羽のつながりでした。もともとが段鶴ですから、当然、折り図は階段状になります。ひょんなことから思いついたのが、「接結する方向を輪にしてつないだら?」ということです。

段鶴の互い違いにつながる羽は花になり、その花は羽の向きを変えただけで全く違った顔を見せてくれました。出来上がってみると、尾と頭がタテにつながっているのですから驚きです。こんなつながり方をした連鶴は、それまで見たこともありませんでした。勢いでしょうか、タテにつながった鶴は、そのまま一回りし、大きな輪になりました。

どのようにして、あの形に行き着いたのか。今思うと、何かに導かれるようにして折り上げたという気がします。

あの大震災が作らせたとしか思えない「輪」。これからも、復興への願いを込めて、折り続けていきたいと思っています。

「ふくれ鶴」による応用

「祈りの輪」は、ふくれ鶴や箱鶴等でも作ることができます。この場合、基本は1/6 段鶴なので、接続部分の長さは一つの正方形の 1/6 になります。

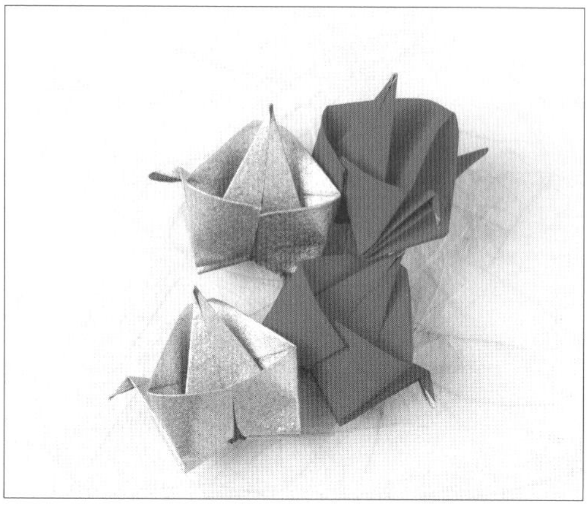

立鶴―乱 4羽｜手抜きふくれ鶴 作品 P48

❶～❹の順に折る。

リバーシブル紙使用（表：裏＝1：1）

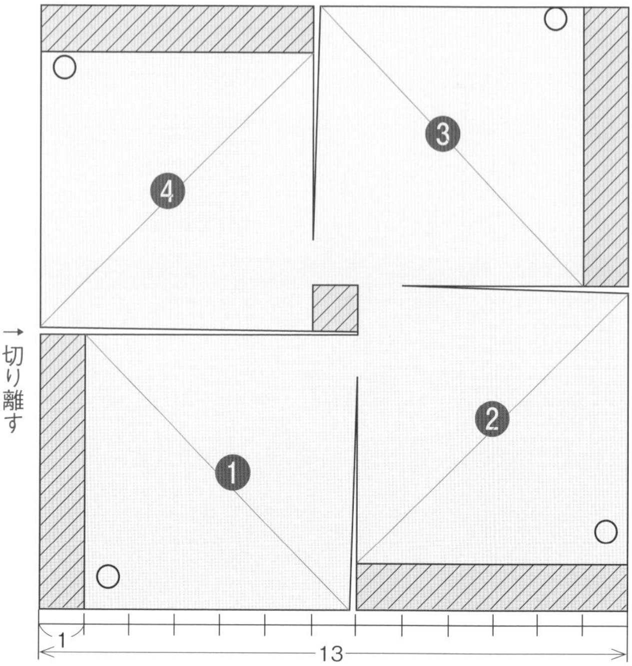

立鶴―直 4羽｜手抜きふくれ鶴 作品 P48

❶～❹の順に折る。

リバーシブル紙使用（表：裏＝1：1）

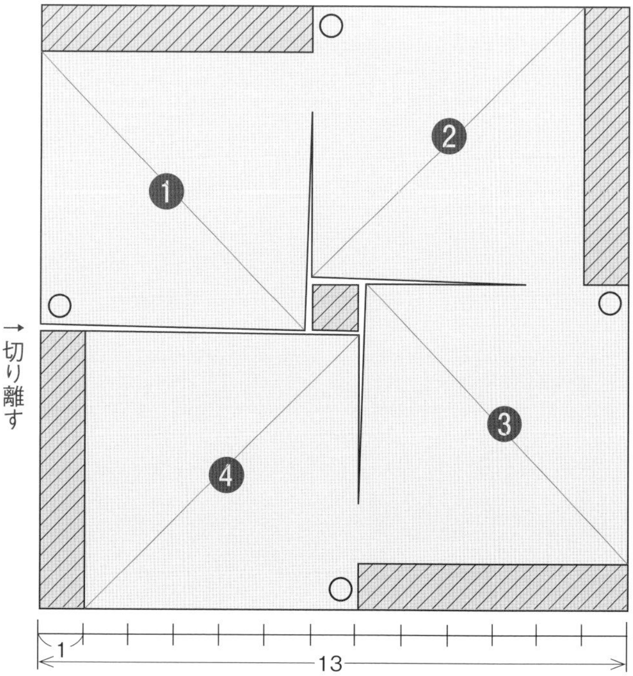

祈りの輪—直

12羽｜ふくら雀　作品 P48

どの鶴から折り始めてもよい。それを起点に時計回りに折っていく。

リバーシブル紙使用（表：裏＝1：1）

［掲載作品一覧］

作品名	羽数（鶴の種類）	カラー写真掲載頁	折り図掲載頁
妹背山（いもせやま）	2 羽（伝承鶴）		54
真砂（まなご）	2 羽（器鶴）	6	54
龍朧車（りんどうぐるま）	4 羽（伝承鶴）		55
四方（よも）	4 羽（器鶴）	6	55
三方（みかた）	3 羽（伝承鶴）	7	56
珠蕾（しゅらい）	4 羽（伝承鶴）	7	56
蝶翔（ちょうしょう）	4 羽（伝承鶴）	7	56
蝶翔	4 羽（器鶴）	8	57
蓮生（れんじょう）	3 羽（器鶴）	8	57
蓮生	4 羽（器鶴）	8	57
矢羽根（やばね）	8 羽（伝承鶴）	9	58
矢羽根	8 羽（器鶴）	9	58
矢車（やぐるま）	12 羽（伝承鶴 / 器鶴）	10	59
立花（たてはな）	2 羽（伝承鶴）	11	61
立花	4 羽（伝承鶴）	11	61
立花	6 羽（伝承鶴）	11	62
立花	6 羽（伝承鶴）	11	62
立花	8 羽（伝承鶴）	12	63
立花	8 羽（伝承鶴）	12	63
村雲（むらくも）	2 羽（伝承鶴）		64
村雲変形	2 羽（伝承鶴）	13	64
子来（こらい）	3 羽（伝承鶴）	13	64
鞍月（くらつき）	4 羽（伝承鶴）	13	65
宝達（ほうだつ）	4 羽（伝承鶴）	14	65
鞍掛（くらかけ）	4 羽（伝承鶴）	14	65
宝立（ほうりゅう）	4 羽（伝承鶴）	14	65
三段鶴	9 羽（伝承鶴）	15	66
1/2 段鶴	2 羽（伝承鶴）	16	70
1/2 段鶴	4 羽（伝承鶴）	16	70
1/2 段鶴 Triangle	6 羽（伝承鶴）	17	70
1/2 段鶴 Square	8 羽（伝承鶴）	17	71
横雲（よこぐも）	2 羽（伝承鶴）		71
3/4 段鶴	2 羽（伝承鶴）		71
真砂	2 羽（ふくれ鶴）	18	74
四方	4 羽（箱鶴）	18	74
四方	4 羽（ふくれ鶴）	18	74
矢羽根	8 羽（ふくれ鶴）	19	75
矢羽根	8 羽（箱鶴）	19	75
矢車	12 羽（手抜きふくれ鶴）	19	76
真砂	2 羽（三角鶴）	20	86
眉丈（びじょう）	2 羽（三角鶴）	21	86
越渡（こえと）	2 羽（三角鶴 / やじり形鶴）	21	87
折違（すじかい）	3 羽（三角鶴 / やじり形鶴）	21	88
恋路（こいじ）	2 羽（三角鶴）	21	88

作品名	羽数（鶴の種類）	カラー写真掲載頁	折り図掲載頁
鎹（かすがい）	3羽（三角鶴）	22	87
向日葵（ひまわり）	8羽（三角鶴）	22	89
四方	4羽（三角鶴）	23	88
日輪（にちりん）	8羽（三角鶴）	23	89
直下（そそり）	8羽（三角鶴／伝承鶴）	24	92
塔尾（とのお）	8羽（三角鶴／伝承鶴）	25	93
月橋（つきはし）	8羽（三角鶴）	25	93
雲津（もづ）	7羽（三角鶴）	26	94
北帰行（ほっきこう）	8羽（三角鶴）	26	94
吊り鶴（つりづる）	9羽（三角鶴／菱形鶴／やじり形鶴）	27	95
藤葛（ふじかずら）	12羽（菱形鶴／凧形鶴／やじり形鶴）	28	95
枝垂れ鶴—悠	24羽（菱形鶴／凧形鶴／やじり形鶴）	29	96
枝垂れ鶴—遊	20羽（三角鶴／菱形鶴／凧形鶴）	30	96
天坂（てんざか）	16羽（伝承鶴／菱形鶴／三角鶴）	31	97
鶴籠（つるかご）	16羽（三角鶴／凧形鶴）	31	97
枝垂れ鶴—楽	40羽（菱形鶴／やじり形鶴）	32	98
八峰（やつみね）	36羽（三角鶴／菱形鶴／凧形鶴）	33	98
双翼（そうよく）	2羽（棒鶴）	35	110
双翼	2羽（棒鶴）	35	110
五連鶴（ごれんづる）	5羽（棒鶴）	35	111
折谷（おりたに）	4羽（斜折り鶴）	36	110
四段梯子（よだんばしご）	4羽（棒鶴）	36	111
網代（あじろ）	4羽（棒鶴）	36	112
5色リング	10羽（棒鶴）	37	112
五輪（ごりん）	12羽×5色（棒鶴）	38	113
祈りの輪—直	12羽（伝承鶴）	40	118
祈りの輪—乱	12羽（伝承鶴）	41	119
祈りの輪〈2輪〉灯（とぼし）	16羽（伝承鶴）	42	120
祈りの輪〈2輪〉行（あるき）	16羽（伝承鶴）	43	121
祈りの輪〈3輪〉明生（みょうじょう）	36羽（伝承鶴）	44	122
立鶴—基本	2羽（伝承鶴）	45	114
立鶴—乱	4羽（伝承鶴）	45	114
立鶴—斜	4羽（伝承鶴）	45	115
立鶴—直	4羽（伝承鶴）	45	115
羽生（はにゅう）	4羽（伝承鶴）	46	116
手取（てどり）	4羽（伝承鶴）	46	116
大生（おはえ）	16羽（伝承鶴）	46	118
千木（ちぎ）	4羽（伝承鶴）	47	116
舞谷（まいだに）	4羽（伝承鶴）	47	117
立開（りゅうがい）	4羽（伝承鶴）	47	117
立鶴—乱	4羽（手抜きふくれ鶴）	48	124
立鶴—直	4羽（手抜きふくれ鶴）	48	124
祈りの輪—直	12羽（手抜きふくれ鶴）	48	125

[著者プロフィール]

池田総一郎(いけだ・そういちろう)

1952年石川県能美郡生まれ。金沢市内在住。
十代の頃から折り鶴・連鶴に興味を持ち、オリジナル作品制作に取り組んで現在に至る。

つなぎ折《お》り鶴《づる》
一枚《いちまい》の紙《かみ》から折《お》り出《だ》す「連鶴《れんかく》」の技《わざ》

●定価はカバーに表示してあります

2012年 8 月30日　初版発行
2023年 5 月10日　8刷発行

著　者　池田総一郎《いけだそういちろう》
発行者　川内長成
発行所　株式会社日貿出版社

東京都文京区本郷 5-2-2　〒113-0033
電話（03）5805-3303（代表）
FAX（03）5805-3307
振替　00180-3-18495

印刷　株式会社　シナノパブリッシングプレス
写真撮影　松岡伸一
本文レイアウト・装丁　茨木純人

ISBN978-4-8170-8140-7　http://www.nichibou.co.jp/